価格はアナタが決めなさい。

輸入ビジネスに学ぶ儲かる仕組み

ジェトロ認定貿易アドバイザー
大須賀 祐

集英社

価格はアナタが決めなさい。

輸入ビジネスに学ぶ儲かる仕組み

今よりもっと稼げるようになりたい……。


そう考える企業主や個人事業主に必要なこと。それは、

「自分が販売するモノやサービスの価格を、自分で決める」

これだけです。


それは簡単そうに聞こえて、実はとても難しいことですよね。

一生懸命ビジネスをしている人ほど、強く実感していることでしょう。

わかります。

でも、そんな人こそぜひ本書を読んで、**「自分が十分稼げる価格に、自分で決めることができる」**ということを知ってほしいのです。


それが〝稼げない呪縛〟から抜け出す一歩になります。

価格はアナタが決めなさい。 輸入ビジネスに学ぶ儲かる仕組み 目次

013 はじめに

第1章

あなたはなぜ、価格を自分で決められないのか

稼げないのは、自分が十分稼げる価格に決めないから

022 稼げないのはあなただけのせいではない
023 ローリターンの日本企業
025 値決めこそが経営である
027 「粗利」があなたの儲けを決める
028 粗利率70%以下のビジネスはやってはいけない
031 値下げして数を売ったほうがトクなのか？

033 あなたはなぜ、高い値段を付けられないのか
038 誰かが作った仕組みから抜けだそう

第2章

自分で価格を決める方法

価格を自分で決められるビジネスとは？

044 価格を決めるのはメーカーである
048 差別的優位性があれば、選ばれる
051 差別的優位性にはいくつかのパターンがある
053 差別的優位性は工夫次第で高められる
057 機能ではなく、価値を「伝えるスキル」を持つ
061 モノやサービスの作り手 ＋ 差別的優位性 ＋ それを伝えるスキル
066 コラム「収益の仕組みの作り方」を楽しみながら学べる映画

第3章 私が輸入ビジネスを選んだ理由

私が価格を決める側になったきっかけ

人が作ったビジネスの中で苦労した会社員時代　070
自分で価格を決められるビジネスとの出会い　073

BtoB輸入ビジネスこそ、最強の価格決定ビジネスである

BtoB輸入ビジネスとは何か？　077
大須賀流輸入ビジネスの仕組みは実にシンプル　080
1 海外の展示会で商品を見つけよう　080
2 独占販売権を取得しよう　083
3 国内の展示会に出展する　084

087 BtoB輸入ビジネスが優れている理由
088 1 モノを自分で作らなくても「作り手」になれる
089 2 ローリスクである
091 3 BtoBなら利幅が大きく販売スタッフも不要
093 4 特別な能力や資格が必要ない
094 5 多くの部分をアウトソーシングできる
095 6 日本人であるメリットを最大限に活かせる
097 7 小さな組織でも大企業に勝てるフェアな仕組みである
100 8 好きなことを仕事にできる！
101 9 クリエイティブでやりがいがある
103 輸入ビジネスの未来は明るい
105 BtoB輸入ビジネスに向いている人・向いていない人
106 アマゾン転売ビジネスはやってはいけない
112 コラム 輸入した商品が、ネットで売れることもある

第4章

何がどう売れる？ 事例で見る価格設定のコツ

実践者はこうして高い粗利率を実現している

116 好きなジャンルか、よく知るジャンルが狙い目
118 粗利を上げたいなら「C・L・V」を選べ！
120 輸入ビジネスとは、「タイムマシン」ビジネスである

未来から持ってくる商品の選び方

124 初心者には「未来から持ってくる商品」がおすすめ
126 その商品には、どのような魅力があるか？

130 日本になかったヨーロッパのヒット商品を輸入して大成功［スポーツ用品］
131 ユニークな特許商品でオンリーワンを達成！［インソール］
133 モノだけでなく海外の文化も商品になる［砂時計］
135 大使館に商品を紹介してもらおう［オリーブ］
138 一つの商品だけでなく、メーカーごとに独占販売契約を結ぶのがキモ［バッグ］

過去から商品を持ってくれれば、こんなに儲かる

140 原価が半分になれば、営業利益は何倍になる？
146 コラム 私の輸入ビジネス失敗談

価格はアナタが決めなさい。　輸入ビジネスに学ぶ儲かる仕組み　目次

第5章

BtoB輸入ビジネスのステップ

実践編・あなたが行う七つのステップ

難しいステップは一つもない　150

① 輸入ビジネスに取り組む準備をする

まずは名刺を用意しよう　152
海外に出かける前に日本の展示会を歩いておく　153
事前に日本のショップを回っておく　155
海外の展示会を探して、行き先を決める　156

② 海外の展示会で商品を探す

海外の展示会の歩き方　158
商談用の英語はメモをしておく　160
価格を尋ねて、5倍（10倍）にしても売れるか判断する　163

③独占販売権を獲得する
166 サプライヤーに日本への輸出実績を尋ねる
169 答えがYESでも戦略はある
171 独占販売権で売上保証を要求されたら
④サンプルをオーダーする
173 現地での商談はサンプルを注文するところまで
176 リスクのある商品に注意する
⑤差別的優位性の伝え方を考える
178 選んだ商品の魅力・価値の伝え方について考えよう
180 商品に魅力的なキャッチコピーを付けてストーリーを語る
⑥国内の展示会で商品を売る
182 国内最大級のギフトショーに出展しよう
184 オリジナルのブース作りは業者に任せよう
186 国内展示会での商談のコツ
188 展示会でお客さんの意見を聞いて改良する
190 展示会への出展はローリスク

価格はアナタが決めなさい。　輸入ビジネスに学ぶ儲かる仕組み　目次

⑦本格的に輸入ビジネスに取り組む 192

海外のメーカーと契約する 195
輸送・保険・通関はすべてプロに依頼しよう 199
在庫に対する考え方 200
雑誌やテレビに宣伝してもらおう 202
テレビ番組で紹介してもらう 203
これだけはやってはいけないこと 205
輸入ビジネスを長く続けていくために 208
おわりに 220
参考文献

はじめに

最初にお聞きしましょう。

あなたは、自分が販売するモノやサービスの価格を、自分で決めていますか？

「いきなり偉そうに……お前は何者だ？　どういう立場でものを言っているんだ！」

そう思われたことでしょう。ごもっともです。物事を知る際には「何を」よりも「誰が」言っているのかが重要であるからです。

ですから最初に、私自身を少し紹介させてください。

はじめまして、ジェトロ認定貿易アドバイザーの大須賀祐と申します。

ジェトロとは独立行政法人「日本貿易振興機構」と称され、その名のとおり日本の貿易の発展・拡大のために活動している国の組織です。海外ビジネス情報の提供、中小企業等の海外展開支援、対日投資の促進などに取り組む、日本の貿易ビジネスにおいて権威ある組織です。私はその組織から、国の貿易発展・拡大に寄与できる人材として、2004年に認定を受けました。

それを受け、私は2004年から、輸入ビジネスに特化した日本一の輸入ビジネスアドバイザーとして、輸入ビジネスの圧倒的優位性をお伝えしてきました。これまでに輸入ビジネスに関する書籍も9冊世に問うてきました。おかげさまで、その累計が10万5900部を超え、その多くが輸入ビジネスの教科書、バイブルとしてベストセラー、ロングセラーとなっています。

さらには、私は約37年前、たった一人で輸入ビジネスを立ち上げてからこれまで、さまざまな苦難、失敗、挫折を経験してきました。誰に聞くこともできず、おのれの力と才覚だけを頼りに、輸入に関するあらゆるビジネスを手がけてきた実業家でもあります。

そして、現在は輸入ビジネスアドバイザーとして、企業へ新規事業としての輸入ビジネスのコンサルティングを行う、コンサルタントとして活動をしています。法人、個人事業者へのコンサルティング数は、2019年4月現在で899人を超え、数多くのクライアントのビジネスを成功へと導いてきました。1年の100日を海外で過ごし、日本だけでなく、世界中のさまざまなビジネスの現場も、この目で見てきています。

そんな私が、稼ぎたいのに稼げないと日々悩む経営者や、これから起業しようとしている方、新規事業を考えている方に向けて、声を大にして言いたいこと。それがこの言葉です。

「稼ぎたいなら、価格は自分で決めなさい」

あらゆるビジネスに共通すること。それは「価格を決めるものが、ビジネスを制する」ということです。

売るものがモノであれ、サービスであれ、すべてのビジネスは、価格を決める人がもっとも強い立場となります。**あなたが今よりももっと稼ぎたい、ビジネスで成功したいと思うならば、価格を自分で決める立場になる必要があるのです。**

これは、あらゆる企業主や個人事業主にいえること。稼ぎたいなら、手元に十分なお金が残るような価格を自分で決めなければなりません。ただ、残念ながらその事実に気が付かず、相手に提示された金額で仕事を受ける、もしくはなるべく安い価格で販売し、結果オーバーワークの割には、雀の涙ほどの稼ぎしか出ない人が多いのではないでしょうか。

特に日本人はそうなのです。

私は、日々世界各国のビジネスパーソンと交渉をしながら、世界各国の流通に関わる立場にいるため、わかるのです。いかに日本のビジネスパーソンが、その世界最高の知的レベル、スキル、ノウハウ、努力にもかかわらず、世界のビジネスパーソンと比して、圧倒的に満足感が得られないのかを……。

今の日本人の労働レベル、時間、質を考えると、世界ナンバーワンの収入と生活レベルを獲得して然るべきなのです。しかし、現実にはどうでしょうか。時には朝の5時6時から深夜まで働いているにもかかわらず、まったく満足のいかない稼ぎである人が多いのではないでしょうか。

何かが違うとは、お感じになりませんか?

その象徴的な例の一つが、小売業でしょう。

小売業は、メーカーや商社から製品を仕入れ、一般消費者に販売する仕事です。販売価格を自由に決めることができないうえ、その価格が他店の同じ商品と比べて高いと売れませんから、他店と横並び、もしくは安い価格での販売を強いられています。

結果、自分が十分稼げるような価格設定ができていないのが現状です。大手総合スーパーが、近年、軒並み減収しているというニュースを目にした人も、多いのではないでしょうか。

こういった例を見ると、やはり、自分が十分稼げるような価格に設定するというのは、難しいと思いますよね。

でも、**実はあなたにも、自分がちゃんと儲かる価格でモノやサービスを販売することができます。**

そういうと、

「自分で価格を決めるなんて無理」

「そもそも価格決定ができる立場ではない」

「価格を決めているけど全然稼げない」と思う人も多いでしょう。特に、普段〝自分で価格を決める〟ということ自体を意識していない人にとっては、価格を自分で決める立場になることは、とてもハードルが高いと感じることでしょう。

しかし、実はあなたの身の回りでも、実際に自分で「自分が十分に稼げる価格」に決め、利益を得ている人はたくさんいます。

その人とあなたの違いは何だと思いますか？

そのための方法論を知っているかいないか、そして実行しているかいないかの違いです。

あなたの経済的な業績というものは、企業であれ、個人であれ差別化の結果です。その差別化の源泉は、企業や個人の独自の知識です。そして、その差別化要因は、その知識である仕組みにあるのです。

私が37年来携わっているBtoB輸入ビジネスも、自分で価格を決められるビジネスの一つです。

本書では、このBtoB輸入ビジネスの仕組みを解説することで、あなたが価格を決められる立場になるためのヒントをお伝えしていきます。

輸入ビジネスといっても、仕入れから販売までをネットで完結させる手法とは異なります。私が本書でご紹介するのはBtoB、つまり企業を相手に行う輸入ビジネスです。**あなたが海外で仕入れたものを、日本の企業に買ってもらい、販売してもらうのです。**

わかりやすく言えば、あなたが海外から仕入れてきたものを、名うての上場企業、有名百貨店、大手通販会社がお客様に販売してくれるということ。あなたは海外から魅力的な商品を見つけてきて、それを彼らに卸す立場になります。

意外に思われるかもしれませんが、BtoC、つまり個人を顧客とするビジネスよりも、BtoB、企業を顧客にしたほうが、ずっと簡単で手間もいらないのです。

このビジネスに携わっている人はみんな、自分が海外で見つけて輸入した商品の価格を、自分で自由に決めて、しっかりと利益を確保しています。輸入する商品は選ぶことができますから、**しっかりと利益を確保できるだけの値付けができない商品は、最初から絶対に選ばないといったほうが正確かもしれません。**

輸入ビジネスなど興味がないと考えるあなたも、本書を読めば、輸入ビジネスを一つの例として、自分が価格を決める立場になるためのノウハウが学べます。輸入ビジネスのビジネスモデルは驚くほどシンプルですから、自分で価格を決めることの大切さや方法論が、よくわかると思います。

また、「輸入ビジネスは難しそうで、自分には関係ないな」と考えているあなたも、本書を読み進める中で、このビジネスのシンプルさ、再現性の高さをご理解いただけるはずです。

すでに事業を興して新規事業を考えている人や、独立して何か事業を立ち上げてみたいと考えている人であればなおさらです。是非、輸入ビジネスの仕組みを理解してください。あなたは、自由に価格を決められる素晴らしさを体感することでしょう。

本書が、「もっと稼ぎたい！」と日々試行錯誤しているあなたに、少しでも役立てば、幸いです。

ジェトロ認定貿易アドバイザー
大須賀　祐

第1章

あなたはなぜ、価格を自分で決められないのか

「自分が十分稼げる価格に決めればいい」

そういうと、「それができるならやっている!」という声が聞こえてきそうです。

第1章では、まず、なぜ皆さんのうちの多くが価格を自分で決められないのか、または決めているのに十分な利益を得られていないのかを説明していきましょう。

稼げないのは、自分が十分稼げる価格に決めないから

稼げないのはあなただけのせいではない

頑張って働いているのに、働けども働けども稼げない。利益が上がらない。多くのビジネスパーソンが抱える悩みです。会社員であれば、給料が上がらないのにサービス残業が増えるばかり。中小零細企業の社長や個人事業主であれば、売上が伸びない、人材不足といったことに常に頭を悩まされています。

特に中小零細企業主は、給与の支払いや個人保証の借金返済の責任をすべて背負いながら、必死で売上を伸ばす方法を考えているにもかかわらず、従業員にはわかってもらえない、行動してもらえないといった、せつない気持ちになることも多いのではないでしょうか。それでいて会社を潰してしまえば、社員を路頭に迷わせたと社会的

に非難される……。私も事業を30年以上やってきました。従業員を多く抱えていた時期もありますから、そんな社長の気持ちは痛いほどわかります。

ただ、ここでまずお伝えしておきたいのは、会社員であれ、中小零細企業主であれ、個人事業主であれ、**稼げないのは、何もあなたのせいだけではない、ということです。**

低成長が当たり前となり、「モノが売れない時代」となった現代では、日本の企業全体の収益が低下してしまって、国内で仕事を行っている限り、誰もが稼げない苦しい状況を強いられることが常態化しています。

ローリターンの日本企業

2017年の労働政策研究・研修機構の発表によれば、社長や従業員を含めた、働く人の1時間当たりの賃金は、先進国の中で日本が最低水準でした。

日本の時間当たり賃金を100とすると、ドイツは173でフランスが138、長時間労働で知られるアメリカでも129です。**つまり日本人が時給1000円で働いているとしたら、ドイツ人は時給1730円で働いていることになります。**そもそもの時給が低いのですから、日本人が働けど働けど、豊かになれないと感じるのも無理はありません。

ではなぜ、日本の労働者だけが、このように儲からない現状に甘んじているのでしょうか。その理由は、日本企業全体の収益性の低さにあるとされています。

日本企業の利益率が、国際的に見た場合、きわめて低い水準にあることは周知の事実です。経済産業省の発表による、どれだけの資本でどれだけの利益を上げたかを表すROE（自己資本利益率）の数字を見ると、日本はわずか5・3%。アメリカが22・6%、欧州で15・0%ですから、日本企業の収益性がいかに低いかがわかります。

その根本的な要因、それは高度成長期の仕組みを、そのまま現代に受け継いでいるということです。

作れば売れた時代と、そうではない現代では、稼ぐための仕組みが違うのは当然です。にもかかわらず、多くの日本企業は旧態依然とした仕組みの中で、昔と同じようなことを繰り返しています。収益性が伸びないのは当たり前です。

低い収益性で得られたわずかな儲けを、みんなで分け合っているわけですから、働いても働いても豊かにならないと多くの人が感じるのも当然でしょう。

しかも、今の日本では多くの企業が、利益の薄い、低価格競争を繰り広げている状態です。これではあなたに届く利益が、さらに少なくなるのも当たり前ではないでしょうか。

値決めこそが経営である

シンプルに考えれば、ビジネスは「モノを売る」か「サービスを提供する」かのどちらかです。そしてあなたは提供した価値の対価として、代金をもらいます。その代金からコストを差し引いたものが、あなたの「利益」になります。

あなたが、これからどんなモノやサービスを売るにしても、大切なのは、モノやサービスを、いくらで売るのか、いわゆる値決め、価格設定について考えることです。

何かを「売る」からには、その価格を決めなければならないのです。

京セラの創業者である稲盛和夫さんは、「値決めは経営である」とおっしゃっていますが、まさにそのとおり。**値決めによって、あなたが稼げるかどうかはもちろん、会社を持続・成長させていけるかどうかが、決まるからです。**

では、あなたは、どのようにして、自らの商品やサービスの価格を決めているでしょうか？

原価やコストに対して利益をプラスする方法、あるいは、類似した商品やサービスを参考にして価格を決め、そこからコストダウンをすることで利益を生みだしていく方法など、さまざまな価格の決め方があると思います。

しかし大切なのは、**そうした価格決めの方法論について考える前に、まず、あなた自身が「まっとうな利益をしっかり稼ぐ」ことの重要性に気が付くことです。要は、原価やコストに左右されることなく、自分が納得のできる利益をオンした価格に設定するべきなのです。**

何をどう売るかはもちろん大切ですが、そもそも「自分が納得できる利益をオンした価格」で販売することのできないビジネスであれば、それに手を出してはいけないのです。

「粗利」があなたの儲けを決める

そもそも「利益」とは何かというと、あなた自身の手元に残るお金のことです。それは、売上から原価を除き、さらに広告費や家賃、水道光熱費や接待交際費、人件費などすべての経費（販売管理費）を差し引いた後に残るお金です。

では、あなたの手元に残るお金の金額を決定づけるものとはなんでしょうか。

すでに自分でビジネスをやっている方ならおわかりでしょう。「粗利」です。粗利とは、売上から原価を差し引いたもの。損益計算書に載せる正式な会計用語では「売上総利益」にあたるものですが、ビジネスの現場では「粗利」といったほうが通りがよいでしょう。

この粗利こそが、利益を得るためにもっとも重要な数字です。 実際に経営コンサルタントが損益計算書で真っ先にチェックするのが、粗利です。なぜなら粗利こそが、販売管理費に使える現金や、あなたの手元に残る現金の源泉だからです。

それにもかかわらず、粗利を軽視している会社のなんと多いことか！

粗利が少なければ、新たな商品開発に投資することもできませんし、積極的な広告戦略も打てません。社員やスタッフを増やすこともできません。

皆さん、頭では粗利の大切さをわかっているのですが、実際のビジネスの現場では、あっさり粗利を犠牲にしてしまいます。

ですから粗利の少ない会社では、社長自身の役員報酬を削って、それらの経費に充てているところも少なくありません。逆にいえば、十分な粗利さえ確保できれば、あなたの手元に残る現金も増やすことができるのです。

粗利率70%以下のビジネスはやってはいけない

では、質問です。

あなたが提供している商品やサービスの粗利は、あなた自身が利益を得るために、十分なものでしょうか？

それを測るための目安が「粗利率」です。粗利率は次の計算式で求めることができます。

粗利率＝粗利益÷売上高×100％

つまり1000円で売れた商品の原価が600円なら、粗利は400円。400円÷1000円×100％で、この場合の粗利率は40％となります。

ただ、**正直なところ、粗利率40％では、ほとんどあなたの手元に現金は残らないのではないでしょうか。なぜなら、先に挙げた家賃や人件費といった販売管理費が、粗利を食いつぶしてしまうからです。**粗利率50％や60％でも、心もとないでしょう。

中小零細企業主や個人事業主であればなおさらです。私は、スモールビジネスをやるならば「粗利率70％以下のものには手を出すな」と、いつも口癖のように言っています。

ところが、日本では、低い粗利率でビジネスをせざるを得ないことが、常態化しています。

たとえば小売業の場合。1000円で販売している商品があるとします。その場合、あなたが小売店であれば、仕入れ値は通常45～60％になるでしょう。つまり粗利率は、よくて55％、悪ければ40％程度になってしまうのです。

一方、サービス業の多くは、粗利が高めです。たとえば美容院などは、粗利が9割前後になります。しかし、だからといって、必ずしも儲かるわけではありません。サービス業における最大のコストは、人件費です。損益計算書上では、外注費を除く人件費を原価とはしませんが、サービス業の場合は、人件費も考慮して粗利を考えたほうがよいでしょう。個人事業主であれば、自分の稼ぎを時給に換算してみてください。そうすれば、あなたの報酬が労働時間に見合った金額かどうか、すぐにわかるはずです。

もちろん粗利率が低くても、売上を伸ばせば粗利額自体は向上するでしょう。しかし、**ただでさえモノが売れない時代に、ろくな広告宣伝費もかけずに、低い利益率でも問題ないくらいに売上を伸ばすのは、おそらく不可能でしょう。**

「はじめに」でも触れましたが、このように低い粗利率でビジネスをせざるを得ないのは、高度成長期に築かれたシステムが未だに残っているためです。

高度成長期には、メーカーが原材料費等コストに利益を加えて、35～40％を確保したうえで、販売価格を一律に決めていました（これが定価制度です）。この時点で、売上から逆算できる利益は、残り55～65％くらいとなります。

そこからさらに、問屋の利益を差し引いた金額で小売店は仕入れるわけですから、特別な仕入れルートでもない限り、必然的に粗利率は40%程度に落ち着くのです。

この構造は業種、業界が変わってもあまり変わりません。それでも高度成長時代は数がさばけましたから、なんとかやっていけました。しかし、時代は変わったのです。高度成長時代ほど数がさばけない今、この構造では儲かりません。

値下げして数を売ったほうがトクなのか?

なんとか売上を伸ばしたい! そんな必死の思いで、ついやってしまいがちなのが、価格を下げて数を売り、全体の売上高をアップさせようとすることです。

しかし、あなたが中小零細企業主であるならば、**それだけは絶対にやってはいけません!** なぜなら価格競争は体力勝負です。大企業がその気になれば、こちらが立ちゆかなくなるまで価格を下げてくるでしょう。

対抗しようとすれば、安い賃金で従業員やスタッフに無理をさせなくてはならなくなります。**また原価を抑えようとして、商品のクオリティを下げざるを得なくなります。その結果、商品力もサービス力も落ち、顧客の満足度が低下して、顧客離れを招きます。この悪循環にはまることが、最悪の結果です。**

そもそも価格の安さに魅力を感じてやってきた顧客は、少しでも安い競合商品があれば、簡単にそっちに流れていきます。あなたも、ネットショップで「最安値」を検索して見つけたお店の名前をいちいち覚えていないでしょう。なぜなら値段の安さしか目に入っていないからです。

繰り返しになりますが、まず重視すべきは粗利です。粗利に余裕がなければ商品やサービスの質が落ち、顧客が離れていくばかりではなく、商品開発や設備投資といった未来への投資もできません。未来への投資ができなければ、常に目先の利益を追いかけ続け、どんどん疲弊していくことになります。

あなたはなぜ、高い値段を付けられないのか

あなたが、「稼ぎたい、ビジネスを成功させたい！」そう考えるならば、十分な利益を価格に反映させ、高い粗利率を確保できるだけの価格設定をする必要があります。

では、なぜそれができていないのでしょうか。そこには大別すると、次のような要因が考えられます。

①商品力が十分でない

失礼な話かもしれませんが、耳が痛いと感じるお話かもしれませんが、ぜひ客観的に、ご自身の提供しているモノやサービスを振り返ってみてください。

そもそも、あなたが提供しているモノやサービスは、お客様に満足してもらえるクオリティでしょうか？

高値を付けるだけの価値がないと自分で感じているのであれば、まずはできる限りの工夫や努力をして、モノやサービスのクオリティを高める必要があります。

②原価にとらわれている

「製造（仕入れ）原価が安いから、そんなに高額な価格は付けられない」と言った人がいました。しかし、**たとえ製造コストが安かったとしても、顧客に提供する価値が高いのであれば、コストに関係なく、その価値に見合った価格を付けるべきです。**

価格に反映すべきなのは、製造コストだけではありません。その価値を生み出したあなた自身の努力やアイデア、費やした時間や広告宣伝費など、まっとうな利益も加味するべきです。

その価格で購入するかどうかを、最終的に決めるのはあくまで顧客です。いくらで売っても、顧客がそれで買ってくれるのであれば、問題はないのです。

価格は、顧客の感謝の値段であると心得てください。

原価はタダ同然の水でも、砂漠でほんの一滴の水を欲している人にとっては、いくら払ってもまったく惜しくないどころか、水を差し出してくれた、あなたに心から感謝するはずです。

③相場主義

世間の相場に合わせて、自社の商品やサービスの価格を決める人もいます。

その場合、競合他社やネットでの相場を参考に、まず値段を決めて、その値段でも利益が出るようコストを差し引いていくことになります。

しかし、このやり方では絶対に高い価格を付けることはできません。そしていずれレッドオーシャンな価格競争に巻き込まれていくことになります。

特にスモールビジネスのオーナーが、大きな会社の値段を相場として参考にすると持続的な経営ができなくなってしまいます。

それよりは、**大手の商品やサービスにはないプラスの価値を付加する、もしくは現在日本市場にない新しい発想、概念の商品やサービスを生み出し、相場とは異なる、独自の価格帯で勝負したほうが有効です。**

④高値を付ける自信が持てない

私は、さまざまな専門家が主催するセミナーによく参加するのですが、セミナーの内容に比べて、価格があまりに安い場合、高い料金に見合うだけの価値を提供する自信がないからではないか、と考えて参加を見送ることがあります。提供する内容に、本当に自信があり、受講料を上回る価値があると考えるなら、もっと高い価格を設定できるはずだからです。

自分は、これだけの人的コストや物理的コスト、時間的コストをかけてきた。だからこそ、**自分の商品やサービスには価格に見合う価値がある。そうした覚悟を持って提示するもの、それが価格です。**

価格競争に巻き込まれている人は、今一度、胸に手を当てて考えてみてください。あなたが提供する商品やサービスは、本当に、たったそれだけの価値しかないものでしょうか。きっとそうではなく、もっと高く評価され、高く売れてもよいものなのではないでしょうか。もしそうなら、今すぐに本来の価値に見合った金額に設定し直すべきです。

⑤儲けるのは「悪」とする文化的な壁

日本人には昔から、「お金儲けは悪いこと」とする意識があります。一方で清貧を美徳とするわけですが、こうしたマインドから、利幅の大きな値付けを嫌がる傾向があるようです。

この考え方を日本に定着させたのは、徳川家康です。家康は朱子学を、江戸幕府を支える基本思想としましたが、朱子学の中には「貴穀賤金」思想があります。これは「穀物は尊い物だが、お金は卑しいものである」とする考え方です。商売でお金儲けをする商人を、もっとも低い身分とした、江戸時代の「士農工商」制度の序列も、この考え方から生まれたものでした。

しかし、当たり前のことですが現代においては、**お金を儲けなければ、日々暮らしていくこともできません。お金を儲けた企業や実業家が税金を納めなければ、社会福祉も滞るでしょう。**

あなたがモノやサービスを社会に提供し、その対価としてお金を稼ぐ。**この場合の利益は、あなたが社会に貢献した証です。**

アップルのiPhoneが世界一売れたプロダクトになったのも、画期的な製品を通じ、世界の人たちに対して、おしゃれで便利な通信端末という、価値を提供できるからです。

そう考えれば、利益を得ることは、決してやましいことではなく、むしろ誇りに思うべきことだとわかると思います。

そもそも「よいものを、少しでも安く」の呪縛に、日本人はとらわれすぎてきたのではないでしょうか。物価がどんどん高騰していた高度成長期なら、それでもよかったでしょう。しかし、デフレから脱しきれない今、安く売れば安く売るほど、日本全体の収益は低下していきます。分配できる利益がどんどん減っていくのです。

みんなが「よいものを、より高く売る」方向にシフトすれば、日本全体の収益性も改善します。ですから、価格はまっとうな利益を加味して、高く設定しましょう。

「高値を付ける」ということには、売れないかもしれない、という恐怖がつきまといます。高い値を付けて売れないくらいだったら、安くても売れたほうがいい、という方もいるでしょう。

しかし、それでは前述した「最悪の結果」に足を踏み入れていることになります。

自信と勇気を持って、ぜひ「よいものを、より高く売る」方向へシフトしてください。

誰かが作った仕組みから抜けだそう

ここまでにお話しした要素以外に、自分で高い価格設定をできない決定的な要因がもう一つ存在します。それは、**誰かが作ったビジネスの仕組みの中にいる、ということです。**

取引先に価格決定権を握られ、先方の言い値で売らざるを得ないケースや、あなたが下請け、孫請けといった立場の場合には、限られた予算の中で、あなたの商品やサービスを売らざるを得ません。

つまり、**あなたではない別の誰かが主導するビジネスの枠組みの中で仕事をしている限り、あなたは永遠に価格を自分で決められないのです。**

たとえば、あなたが会社員だとします。その会社で営業をやっていようと経理をやっていようと、その労働は、あなたの会社が儲ける仕組みの中の、一つの機能にすぎません。言葉は悪いかもしれませんが、いわば歯車です。

その会社が自動車メーカーであれば、あなたは、車を設計・開発して、製造して、販売して売り上げるといった、会社が儲けるための枠組みの中に組み込まれているわけです。

その中では、優秀な人ほど、損をします。仕組みの内側で、足を引っ張っている人の分まで、優秀な人がカバーしているのですから。

そうした枠組みの中にいれば、どんなに努力したとしても、収入を自ら決めること

はできません。それどころか、どんなにそれまで頑張っていたとしても、会社の業績が悪化してしまえば、減収になったり、最悪の場合リストラの対象になったりすることだってあります。

中小零細企業主や個人事業主であっても同じです。別の誰かが主導するビジネスの一部である限り、自由に納得できるような価格決めはできません。小売店を経営していても、問屋制度の中にいれば、仕入れ値はおのずと決められてしまい、他の店の倍の価格を付けるわけにもいきません。部品メーカーなどであれば、部品を納める先であるメーカーの意向を無視することはできないでしょう。

あなたのビジネスに当てはめて考えてみてください。あなたの業界の値段の相場を作っているのは、誰でしょうか。そしてあなたは、その中で利益の少ない仕事に忙殺されっぱなしで、四苦八苦してはいないでしょうか。

まずは、**他人が作った枠組みから抜け出すこと。そして、原価主義や相場主義、稼ぐことは悪という思い込みから脱出して、いい商品を、自信を持って高価格に設定する。**それが重要です。

《《《第1章●まとめ》》》

- 頑張っても稼げない理由の一つとして、日本の企業全体の収益が低下していることがある。
- 高度成長時代の〝作ったぶんだけ売れる〟前提のビジネスモデルを引きずってはいないか？ 今の時代にその仕組みでは、ビジネスはもう立ちゆかない。
- 事業や会社を拡大していくためには、十分な利益が必要。よって、粗利率70％以下のビジネスに手をつけてはいけない。
- 自分が提供するモノやサービスに対して、自信を持って高値を付けることができない人には、「そもそも商品力がない」「原価主義」「相場主義」「儲けることは悪とする文化的な壁」などの要因がある。
- 誰かが作った仕組みから脱出しなければ、価格を決める立場にはなれない。

第2章

自分で価格を決める方法

第1章では、あなたが十分な利益を得るためには、自分で価格を決めることが大切だということをお伝えしました。

第2章では、どうすれば自分で価格を決められるようになるのかをお話ししていきましょう。

価格を自分で決められるビジネスとは？

価格を決めるのはメーカーである

自分で、自分が納得するだけの利益が得られる価格に設定する。それはとても難しいことだと感じる人が多いかもしれません。しかし実際、世の中にはそれを可能にしているビジネスがいくつもあります。

売りたいモノやサービスの価格を自分で決められるビジネスと聞いて、あなたなら、どのようなものを思い浮かべるでしょうか？

そこには、三つの共通点があります。

まず一つ目が、メーカーであるということです。

メーカーとは、**その商品を「最終的な形にする立場」のことを言います。**モノやサービスを、末端消費者に届く形に仕上げた人がメーカーだということです。価格決定権を持ち、自分（自社）の利益を確保できる価格に決めている人のほとんどが、このメーカーという立場にあります。

自動車でいえば、トヨタや日産自動車、三菱自動車などが「メーカー」です。彼らは、お客様が手にする「自動車」という商品の最終的な形を作っています。もちろん、自動車を生産する過程で多くの部品が必要であり、その部品の多くは別の会社で製作されています。この場合彼らは「自動車メーカー」ではなく、自動車の「部品メーカー」となります。

皆さんおなじみの「ユニクロ」も、衣料品メーカーの一つです。ユニクロはもともと、山口県にある小さな衣料品量販店でした。ナショナルブランドをメインに販売する小売店であり、メーカーではありませんでした。それがある時、SPA（Specialty store retailer of private label apparel ＝生産機能を持ったアパレル専門店）という概念を自社に取り入れ、自社開発の商品・ブランドを店頭で展開し始めたのです。

その後のユニクロの世界的な発展は、もはや説明する必要もないでしょう。

他社メーカーが作った衣料品を販売するだけの立場では、仕入れ値に左右され、現在のように自由な価格設定をすることはできなかったはずです。お客様への販売だけでなく、生産（メイク）の部分にまで事業の範囲を広げたからこそ、多くの売上・利益を得ている好例だと言えます。

こういった例を挙げると、メーカー＝大企業というイメージを持たれるかもしれませんが、そんなことはありません。街の小さなケーキ屋さんも「ケーキメーカー」ですし、キャベツを生産している農家さんも「キャベツメーカー」です。ショッピングセンターや街なかで、似顔絵を書いて販売している画家さんも「似顔絵メーカー」だと言えます。

大企業だけでなく、誰でも皆さんが「メーカー」になれる可能性を持っているのです。

また、「メーカー」という言葉に引きずられて、物理的に作るシステム、要は農地や自社工場やキッチンを持っていなければメーカーになれないと思っている人も多いのではないでしょうか。

実は、**メーカーであることと自社で製造しているということは、決してイコールではありません。**

例の一つとして、大阪にある「キーエンス」という会社をご紹介しましょう。

キーエンスは自動制御機器や計測機器、情報機器や光学顕微鏡・電子顕微鏡などを開発・製造販売している企業です。販売先は一般消費者ではなく企業ですから、名前をご存じないという方もいらっしゃるでしょう。ですが、営業利益率は50％以上（製造業では10％でも高収益といわれます）、「日本一給料が高い会社」として話題にのぼることもあるほど、高い利益率を誇る会社です。

では、なぜキーエンスは、それだけの高い営業利益率が可能なのか。その理由の一つが、製造はすべてアウトソーシング、自社がやるのは徹底したマーケティングと営業、そして「世界初」「日本初」「業界初」を生み出すための研究開発のみ、という点だと私は考えます。

製造工場を自社で持つということは、それだけ維持費用＝コストがかかるということです。そうしたコストの根源を排除しながら、世の中にない新しい商品や、顧客のニーズにベストフィットした製品を開発し続けていく。このコストの排除と絶えることのない製品のイノベーションこそが、キーエンスの強みだといえます。

自分（自社）で製造のためのインフラを保持していることが、メーカーの定義ではありません。

語弊を恐れずに言うならば、提供するモノやサービスを独自の発想で常にイノベーションし続けていける企業や人こそが、メーカーだと言えるのです。

差別的優位性があれば、選ばれる

価格を自分で決められるビジネスの共通点。もう一つが、差別的優位性です。

先程のキーエンスの例にも通じますが、あなたが提供するモノやサービスに、他と比べて差別的優位性があるだけで、ライバルよりも高値であっても、お客様に選ばれることが可能になります。

中小企業庁の発表によれば、中小零細企業の中で、自らが一方的に価格を設定している企業は、わずか2・3％しかないそうですが、それらの企業は、他の企業と何が違うのでしょうか。

答えは「自社の商品が差別化されていればいるほど、価格交渉力が強い」です。つまり、**いかに同業他社と差別化された商品を売っているかで、価格決定権を持てるか否かが決まるのです。**

たとえばパソコンのCPUの価格は、他社が追随できないスピードで独自の技術を開発し続けているアメリカ・インテル社が自社の戦略に従って決定しています。常に優れた製品を提供し続け、顧客に選ばれ続けていることで、価格決定が可能なのです。パソコンのOSも、ウィンドウズの独占状態。よって、アメリカ・マイクロソフト社が価格を決定する状況が続いています。

先程紹介したユニクロも、差別的優位性があるからこそお客様に選ばれ続けています。

ユニクロが持つ差別的優位性の一つが「良質なのに低価格」です。ロングヒットしている「フリース」や「ヒートテック」など、ユニクロの商品はどれもお客様のニーズに沿った、機能性の高い良質なものばかり。それでいて、購入しやすいリーズナブルな価格です。それが、お客様から選ばれる「差別的優位性」と言えるでしょう。

ちなみにユニクロは、原材料や製造地を物価の安いアジアの各国に設置することで、この低価格を実現しています。販売価格が安くとも、原価をぐっと抑えることで利益率を高めているのです。

インテルやマイクロソフト、そしてユニクロといった大手企業が提供する製品だけではなく、もっと身近な製品でもこれは言えることです。

たとえば、洗濯物を干すピンチハンガー。干していた衣類をぐっと引っ張るだけで、一気に洗濯バサミから衣類が外れる商品が人気を博しています。洗濯バサミを一つ一つ外して衣類を取り込むのは、ちょっと面倒ですよね。でもこの商品なら、衣類を引っ張るだけで取り込める。**このちょっとした差別的優位性が、従来のピンチハンガーより高値であっても選ばれるポイントになっています。**

もちろん「差別化」といっても、単に「他とは異なる」といった意味でなく、選ばれるための優位性を持った差別化が図られているといった意味です。本書では、それを「差別的優位性」と呼んでいます。

差別的優位性にはいくつかのパターンがある

自分で価格を決めるために、欠かすことのできない差別的優位性。この差別的優位性には、いくつかのパターンがあると考えます。実際に選ばれているモノやサービスにある共通点、そして私自身が輸入ビジネスの現場で学んできたことをもとに、このパターンを紹介していきましょう。

まず一つ目が、「**オンリーワン**」**パターン**です。

たとえば人気のある芸術家であれば、画商はその作品にいくらでも好きな値段を付けることができます。２０１８年にはアメリカの現代アーティスト、ジャン＝ミシェル・バスキアの絵画が最低価格67億円で競売に出され、株式会社ＺＯＺＯ社長の前澤友作氏が１２３億円で落札して話題を呼びました。

「**高値であってもこれを購入したい！**」**と思う人がいて、なおかつそれを作れるのが世界でたった一人あなただけだったとしたら。あなたが売りたいと思う価格に自由に設定することができます。**

セミナーやコンサルティング、顧問、講演などを行う人も、価格を自由に決めやすいといえます。コーチングの第一人者、アンソニー・ロビンズ氏が2014年に来日して千葉・幕張メッセで3日間にわたって開催したセミナーは、一番安い席でも9万8000円、VIP席はなんと98万円でしたが、連日大入り満員の大盛況でした。

あなたしか持っていない、あなた独自の知識や見解、ノウハウがあり、それをどうしても欲しいと思う人がいるならば、それをあなたが納得できる価格で提供することが可能です。

そして二つ目が、「**トップランナー**」**パターン**です。

これまで世の中になかったものを最初に作り出して提供した人は、価格を自由に決めることができます。

「結果にコミットする。」でおなじみのスポーツジム、「ライザップ」もその一つです。

当時、ライザップのようにマンツーマンで徹底的にトレーニング&食事制限を行うことで、短期間の減量を実現させるという点を強調し、コミット（約束）したスポーツジムはありませんでした。このコンセプトや仕組みが、まだ見ぬ顧客を見事に開拓し、2カ月で約30万円という、スポーツジムにしては破格でありながらも、多くの顧客を獲得したのです。

このように、**これまで世の中になかったモノやサービスの場合は、すでにでき上がっている相場感に左右されない、独自の価格決めが可能になります。**

先述のキーエンスも、世界初、日本初、業界初といった、これまで世の中になかった製品を生み出しているからこそ、高い利益率を可能にしていると言えます。

差別的優位性は工夫次第で高められる

バスキアのような特殊な才能を持って「オンリーワン」のモノを生み出すというのは、非常にハードルが高いですよね。また、ライザップのように、世の中にまだないものを生み出すというのは、社会にある目に見えない潜在的な需要を読み取り、開拓するという、これまた非常にハードルが高いことのように思えます。

ここから紹介する**差別的優位性は、あなたの工夫と努力次第で比較的高めやすいものです。**

ぜひ、ご自身が提供している（これから提供したい）モノやサービスと照らし合わせながら、「この工夫はできるだろうか?」と、チェックして読み進めてみてください。

まずは、**付加価値を高めるパターン**です。

新たに独自性のある商品やサービスを開発できれば、それに越したことはありません。しかし、**既存の商品やサービスに付加価値を加えることでも、同業他社に対して差別的優位性を持つことができます。**

たとえば「形」。あなたの商品に、大きさや形状、重さや構造を変えることで、差別的優位性を持たせることはできないでしょうか。

形同様に「デザイン」も大きな差別化要因となります。iPhoneのように「使っているとかっこいい」「見た目がきれい」「思わず触りたくなってしまう」といった優れたデザイン性で機種を選ぶ消費者も多いはずです。

昨今では特にデザインの影響力が大きくなってきています。中でも使いやすさと美しさを兼ね備えた製品は、より大きな商品力を持つことになります。

もちろん機能や品質でも差別化は可能です。今までできなかったことができる、より早くできる、より正確にできる、より簡単にできる、より耐久性に優れているなど、その製品を使用して達成できることが、他と比べて優れたものであれば、有効な差別化の軸になります。

商品そのものではなく、商品の提供方法やアフターサービスで差別的優位性を確保することも可能です。

提供方法でいえば、飲食店などで注文した品が早く出てくる、通信販売で即日や翌日に届く、あるいは多くの店舗で取り扱っていて、どこでも容易に入手できるなど、注文してから消費者の手元に届くまでの時間や手間を省いたりすることで、差別化が図れる場合があります。

アフターサービスでいえば、購入後のサポートが充実していたり、商品購入者同士のコミュニティなどで情報交換ができたりするなどといった切り口で、顧客をフォローできれば、差別化を図ることが可能です。

次に、**ニッチを狙ってオンリーワンになるパターン**です。

ターゲットを絞り込むことで、差別的優位性を確保することもできます。特に、個人事業や中小零細企業ならば、わざわざ大企業が狙うような大きなマーケットで勝負する必要はありません。ターゲットの限られた小さなマーケットでも、競争相手が少なければ十分な利益確保を目指すことができるからです。

たとえば洋服を販売するにしても、漠然と「若者向け」、「中年向け」などと絞り込むのではなく、「XLサイズ以上専門店」のように、ターゲットを大きな洋服を求める人に絞り込むことで成功している洋品店があります。さらに絞り込んで、身体の大きな女性向けの洋品店に特化して、サイズは大きいのにオシャレであるといった付加価値を付ければ、顧客数こそそれほど多くないかもしれませんが、差別化により固定客やファンが増えてリピートしてくれるでしょう。現にそうしたターゲッティングで成功したアパレルブランドがあります。

こうした特殊なニーズに応えることのできるもの、あるいは、特定の地域におけるシェアをナンバーワンにする戦略など、**特定の顧客だけにターゲットを絞れば、大企業にはマネのできない、きめの細かい商品やサービスが提供でき、それが売上につながります。**

細分化されたターゲットに特化していけば、広告宣伝費なども集中投下できます。何よりも、そうしたニッチなマーケットでは、ライバルが少ないため、過酷な価格競争に巻き込まれずにすむのです。

特に今は、「安いから買う」といった時代ではなくなりました。価格よりも「これが私の求めていたものだ」とか「これは私のためにある商品だ」といった動機で購入する人が増えています。いわば「ベストフォーミー」。自分のための商品だと思えれば、顧客は値段に関係なく購入する傾向にあります。

その意味でもターゲットを絞り込み、ニッチな世界を狙うことは、これから参入する中小零細企業にとって大事な戦略の一つとなるでしょう。

機能ではなく、価値を「伝えるスキル」を持つ

ここまでに紹介したような差別的優位性を持っているモノやサービスであれば、それはどれも、お客様に選んでもらえる魅力的なものだといえるでしょう。

しかし、**お客様にその価値が伝わっていなければ、それは存在していないのと同じです。**

ちゃんと存在を認識してもらう。そのために必要なのが、価値を「伝えるスキル」です。これが価格を自分で決められるビジネスの三つ目の共通点です。

価値を伝えるための方法として、どんなモノやサービスにも共通する基本は、ベネフィットを伝えることです。ベネフィットとは、お客さんが商品から得られるメリットのこと。**その商品を使うことで、どんな不便・不満を解消させることができるのか、どんな欲求を充足させられるのか、顧客にどんな利益をもたらすのかを伝えましょう。要するに、商品購入後の「未来」を想像させるのです。**

マーケティングの世界で有名な言葉に「ドリルを買いに来た客はドリルが欲しいのではない。穴が欲しいのだ」というものがあります。高級車を求めている客は、走る鉄の機械ではなく、「見栄」を求めているのであり、最新のゴルフクラブを求めている客は、チタン合金のヘッドが欲しいのではなく、「飛距離」や「スコアの短縮」を求めているのです。そうであれば、顧客がどんな未来を手に入れることができるのかを、わかりやすい言葉や見せ方、ネーミングなどで伝えてあげましょう。

同じ商品でも場所や相手が変われば、欲しいと思う価値が変わります。

たとえば、お年寄りにスマホを売るにしても、「おばあちゃん、このスマホは超高速プロセッサを搭載していて、カメラも1200万画素で……」と、スペックの高さをどんなにアピールしても、まったく意味がありません。お年寄りに価値を伝えるなら「このスマホなら簡単な操作で、遠く離れて暮らす、お孫さんともテレビ電話で話せるんですよ」と言ったほうが、確実に価値を伝えられます。

想定するターゲットは、どんなことに価値を感じるのだろうか、よく考えて伝えてください。

現代は、商品や情報が溢れかえっていて、顧客が何を買っていいのか、わからなくなっている時代です。ですから潜在的なニーズに気付かせてあげるのも有効です。

エスキモーに冷蔵庫を売るにしても、「製氷機能がナンバーワンで氷が短時間でできます」と言っても響きませんが「これでアザラシの肉を保管すると、凍らないのです」と言えば必要性を気付かせることができます。

あなたの商品やサービスも少し見方を変えれば、誰かの潜在的なニーズを満たせないでしょうか。まだ誰も気付いていない、新たなニーズを発掘できれば、求める人に、あなたが値付けした価格で売ることができるのです。

たとえば先日、講演で仙台に行った時のこと。土産に牛タンでも買って帰ろうかと考えて、店を見て歩いていたところ、こう声をかけられました。

「これ、食べてみてよ。これが本物の牛タンだよ」

そのご主人によると、加工されていない牛タンほど、歯ごたえがあって固いというのです。それが本当なのかどうかはともかく、「固いからこそ本物の牛タンである」と伝えられたことで、その牛タンに価値を感じて、購入しました。**私が知らなかった価値に気付かせてくれたことが、きっかけとなったのです。**

価値を伝えることができるか、できないか。そのちょっとの差で価格は大きく変わってきます。**9800円のスイーツは、980円のスイーツの、10倍おいしいわけではないはずです。「朝産みの卵を使用」とか「フランスの名店で修業を積んだ後、パティシエの世界大会で優勝した名パティシエが監修」とか「持ち帰り不可」といった、ちょっとした価値を付加して伝えることだけで、10倍の値段でもお客さんを納得させています。**

付加価値をきちんと伝えられれば、梃子《てこ》のように小さな力で、付ける価格を大きく押し上げることができるのです。

もし、あなたの商品の価格が「高い」と顧客に言われるのであれば、それは価値が伝わっていないからです。お客様は、あなたに説得されたいのではありません。自ら納得したいのです。納得すれば、高くても購入してくれます。納得してもらえるよう、しっかり価値を伝えましょう。

モノやサービスの作り手 ＋ 差別的優位性 ＋ それを伝えるスキル

ここまでをまとめておきましょう。

価格を自分で決められる、十分に粗利が取れるビジネスとは、**モノやサービスの作り手（メーカー）であり、なおかつお客様に選ばれる差別的優位性を持った商品を提供しているモデルです。**

加えて、その差別的優位性を「伝えるスキル」を、モノやサービスを提供する側が持っていること。

多様なモノやサービスが溢れている時代に「いいものは売れる」「使ってみればわかる」**といった昔ながらのやり方は、通じないのです。**

ぜひここで、少し時間をとって考えてみてください。

あなたは、どんなモノやサービスの作り手になれるでしょうか。
オンリーワンやトップランナーになれるモノやサービスはありますか？
なんらかの工夫で差別的優位性を高めることはできませんか？
そしてその価値を、誰にどんなふうにして伝えられるでしょうか。

ユニクロの柳井正さんの言葉に「10回新しいことを始めれば9回は失敗する」という言葉があります。それと同じように、お客様に選ばれる魅力的なビジネスというのは、一朝一夕で思いつくものではありません。繰り返し繰り返し考え、実行し、時には失敗しながら、試行錯誤の先に見えてくるものです。

答えなどない、とても遠い道のりのように感じますよね。でも、試行錯誤の先には「価格を自分で決められる」世界があることを、ぜひ忘れないでください。そのマインドすら持たずに仕事をしていては、絶対に〝稼げない呪縛〟からは抜け出せないからです。

《《《第2章●まとめ》》》

●自分で価格を決められるビジネスとは、モノやサービスの作り手（メーカー）であり、なおかつお客様から選ばれる差別的優位性を持った商品を提供できるビジネスのこと。加えて、その差別的優位性がちゃんと顧客に届く仕組みや方法があること。

Let's Think

価格を決める側になるためのポイントを、自分が提供している（これから提供したい）モノやサービスに照らし合わせて考えてみよう。

Q. あなたは商品を「最終的な形にする立場」にいるだろうか？　もし違う場合、どうしたらその立場になれるだろうか。

Q. あなたにしか提供できない、オンリーワンのモノやサービスはないだろうか？

Q. あなたのリソースを活かして、トップランナーになれる分野はないだろうか？

Q. いま提供している（これから提供したい）モノやサービスに、何か付加価値は付けられないだろうか？

Q. ターゲットを絞り込み、ニッチなところで顧客を獲得できないだろうか？

Q. 自分が提供するモノやサービスの魅力を、誰にどうやって伝えれば売上につながるだろうか？

COLUMN

「収益の仕組みの作り方」を楽しみながら学べる映画

第2章では、価格を決める側になるために大切なことをお伝えしましたが、ここでは収益の仕組み作り、ビジネスモデルの作り方を楽しみながら学べる映画を紹介しましょう。それが『ファウンダー ハンバーガー帝国のヒミツ』です。題名からもわかるように世界的なハンバーガーチェーン、マクドナルドの創業者、レイ・クロックの半生を描いた物語です。

レイ・クロックは52歳の時、1軒のハンバーガーショップを、画期的な方法で経営する2人の兄弟と運命の出会いを果たしました。

その兄弟こそ、兄のマックと弟ディックのマクドナルド兄弟です。2人の兄弟は、注文からわずか30秒で商品を提供する画期的な生産システムを編み出していました。それだけでなく提供する商品を、最も売れるハンバーガー、ポテト、コーラに絞り込み、フォークやナイフがなくても紙の上で食べられるような工夫もしていました。さらにウェイトレスを置かなくてすむようにするなど、今のファストフードチェーンの原型である、きわめて合理的なシステムを構築していたのです。

そのシステムを見たレイ・クロックは、ライン生産方式で自動車を大量生産することに成功したヘンリー・フォードのようだと考え、そのシステムを全米で展開することを思いついたのです。

しかし、マクドナルド兄弟は難色を示します。フランチャイズ展開するとチェーン店が勝手に商品を増やしたり、フォークを提供したり、勝手なことを始めて、自分たちの作り上げたシステムが壊れてしまうことも知っていたからです。

しかしレイ・クロックは、そんなマクドナルド兄弟を説得、そして全米にフランチャイズチェーンを広め、世界最大のハンバーガーチェーン、マクドナルド帝国を築いていきました。

ただしレイは、チェーン展開を広げていく間に、マクドナルド兄弟が邪魔になったため追い出し、事業そのものを無慈悲に簒奪するのですが、そのやり方の是非については、ここでは問いません。

覚えておいていただきたいのは、マクドナルド兄弟が作った合理的なシステムを、レイ・クロックが全米のみならず、全世界でも通用する、収益の仕組みにしたことです。いわば店内だけで完結するマクドナルド兄弟の「小さな仕組み」をレイ・クロックは世界中どこでも通用する「大きな仕組み」としてまとめあげたのです。そのおかげで日本にいる私たちをはじめ、世界中でマクドナルドが食べられるようになりました。

あなたもマクドナルドの看板を見るたびに、「収益の仕組みを自分で作ることと」の大切さを思い起こすようにしておくと、レイ・クロックが広めたマクドナルドのように、世界展開が可能なビジネスモデルがひらめくかもしれません。

もう一つ、同様に参考になる映画があります。それが２０１７年に公開された『グレイテスト・ショーマン』。サーカスで成功を収めた実在の人物、Ｐ・Ｔ・バーナムが主人公の映画です。

ネタバレになりますので詳しくは書きませんが、貧乏だったバーナムが、それまでのショービジネスの常識を覆して、ターゲットを新しい層に変えて、価値がないと思われていたものを価値あるものに変えて、のし上がっていくさまは、まさに新しい収益の仕組み作りそのものです。楽しみながらマーケティングが学べる作品ですので、ぜひ参考にしてください。

第3章

私が輸入ビジネスを選んだ理由

第2章では、価格を決める側であるビジネスを例に挙げながら、あなたが「価格を決める側」になるために必要なことをお伝えしてきました。

第3章では、価格を決められるビジネスの一つである「BtoB輸入ビジネス」の仕組みを紹介しながら、BtoB輸入ビジネスが、価格を決められるビジネスの中でも優れているということをお伝えします。

私が価格を決める側になったきっかけ

人が作ったビジネスの中で苦労した会社員時代

私が貿易アドバイザーとして、多くの方におすすめしているBtoB輸入ビジネス。このビジネスも、自分で価格を決められるビジネスの一つだということは、すでにお伝えしました。

ただ、BtoB輸入ビジネスが具体的にはどういうものなのか、まだお話しできていませんね。ここからは、**BtoB輸入ビジネスとはなんなのか、価格を自分で決められるビジネスの中でもどう優れているのか、それをお話しししていきます。**

第2章と同様に、ぜひ、ご自身が提供している（これから提供したい）モノやサービスと照らし合わせながら、読み進めてみてください。

まずは少しお時間をいただいて、なぜ私が輸入ビジネスの世界に飛び込んだのか、そのお話をさせていただきます。

私が大学卒業後、最初に選んだ職業は、大手ベッドメーカーの営業職でした。仕事は小売店へのルートセールス。ただし、私の会社は小売店にあまり好かれてはいませんでした。

卸価格が、定価の約7割にもなる、小売店にとっては粗利のきわめて少ない商品だったため、売っても店が儲からないからです。

しかし、私の会社で製造していた製品は、その分野のトップブランドだったものですから、小売店も置かざるを得ません。その足元を見て売る、いわば殿様商売なわけです。

ですから、私が小売店にいくと、あからさまに相手が嫌がっているのがわかるのです。「お前のところの商品なんて、本当は置きたくないんだ」とか、「お客さんがお前のところの商品が欲しいって言わない限り、うちは別のメーカーの製品を売るんだ」などと、面と向かって嫌みを言われたこともあります。

そうなると働いている私としても、仕事にやる気や、やりがいを感じなくなります。

小さな会社で、「好きな会社のためだ」とか「惚れた社長のためだ」などと思えるならば、まだ、やりがいもあったかもしれません。

しかし、私が勤めていたのは大企業でしたから、仕える上司は営業所長、つまり中間管理職です。彼らは、自分の営業成績を上げるためだけに、無理難題を言いつけてきます。

たとえば、その月のノルマが達成できていなかったりすると、「無理やりにでも店に置いてこい」とか「フェアをやって、店の営業時間を夜まで延ばしてでも台数を伸ばしてこい」などと命令されるのです。営業時間を延ばして、フェアをやる。それは小売店の従業員の方々に、うちの商品のためだけに無理やり、残業を強いることに他なりません。しかし「それでは小売店さんが困ることに……」などと口答えでもしようものなら「馬鹿野郎！　小売店の都合なんて考えてんじゃあねえよ！」と罵声が飛んできます。

8月のノルマをなんとか達成するために、9月3日に納めた家具を、8月34日の日付にして請求書を発行したこともあります。そんな日付はあり得ませんから、当然小売店側は「なんだ、これは！」と苦情を言ってきます。当然「この分は、来月でいいですから」と言わざるを得ない。そうすると未入金扱いとなり、営業所長から「未入金出してんじゃあねえよ！」と叱られたうえに、給料を減額されます。とてもではありませんが、やっていられません。

そうした仕事を3年も続けていると、すっかり疲弊してしまい「このままでは人格が壊れてしまう」と思いつめるところまで、追い込まれました。

これも他の人が作ったビジネスの枠組みの中で、歯車の一つとして働いていたからです。

自分で価格を決められるビジネスとの出会い

いろいろと悩んだ末、結局、会社を辞めて、自分でビジネスを始めることにしました。どうせならば好きなことをやろう、そう考えて選んだのが、輸入ビジネスの仕事でした。

輸入ビジネスを選んだのには、理由がありました。**それは海外には「定価でものを売る」商習慣がなかったことです。**

大学時代、ヨーロッパを旅した時のこと。同じ通りにある、いくつかの土産店を訪ねると、同じ商品が、まったく別々の値段で売られていることに驚きました。疑問に思った私は、お店の人に「なぜ、値段が違うのか」を聞いてみました。すると「自分が仕入れた商品をいくらで売ろうが、こちらの自由だ」と答えるではありませんか。

たとえば、他より高い値段で土産を売っている店などは「うちで土産を買えば、ガイドブックには載っていない、うまいピザの店を教えてやることができる。そうした情報料も値段に入っている」と堂々と胸を張っていうのです。

当時、定価制度（メーカーが小売価格を決める制度）があった日本からやってきた私には、一種のカルチャーショックでした。

大手家具メーカーが勝手に付けた定価や、卸値で苦労した私が、会社を辞めて、真っ先に思い出したのが、そのヨーロッパ旅行のときの思い出でした。

だからこそ「自分も、自由に値段を決められるビジネスをしよう」と考えたのです。

そうはいっても、手探りで始めたビジネスですから、当初はいろんな失敗を経験しました。

輸入できないものを輸入しようとして港で商品を止められてしまったこと。入荷した商品がすべて壊れていたこと。取り込み詐欺の被害に遭い、多額の借金を抱えてしまって「もう無理だ」と、頭を抱えたこともあります。

しかし、**失敗は成功の母でもあります。そうしたトライアンドエラーを繰り返しながら、絶対に失敗しない仕組みを作ることができたのですから。**

輸入ビジネスの仕組みは「科学」に似ています。水素と酸素を混ぜれば、誰でも水を作ることができます。それと同じように、特別な才能や必死の努力がなくても、そのとおり実行すれば誰でも同じ結果が出る。それを私は、方程式と呼んでいます。

そして2009年、約28年間実業家として続けてきた実業から足を洗い、アドバイザーに専念することを決意しました。現在では、この方程式を多くの人に伝えることが自分の天職だと考え、日々仕事に邁進しています。

私はこれまでに約900人のインポートプレナーを世に送り出してきました。インポートプレナーとは、インポート（輸入）とアントレプレナー（起業家）を組み合わせて私が作った造語で、輸入を生業とする実業家のことです。

多くの人の成功を支えるこのビジネスにやりがいを感じながら、自分の経験から生み出した、自分にしかできないオンリーワンの仕事をすることで、十分な利益を得られるだけの価格設定も実現できています。そこには、**達成できない営業ノルマに苦しんだり、苦労して販売しても自分の稼ぎにつながらない閉塞感は、一切ありません。**

あの時「自分で価格を決める側に行こう」と決めて、勇気を出して行動してよかったと、本当にそう思います。

BtoB輸入ビジネスこそ、最強の価格決定ビジネスである

BtoB輸入ビジネスとは何か？

前置きが長くなってしまいました。ここからはBtoB輸入ビジネスとは何か、具体的にご紹介していきます。

私がおすすめするBtoB輸入ビジネスとは、**海外で仕入れた魅力的なモノやサービスを、国内で高く売る。それだけのシンプルな仕組みです。**

1、海外の展示会で商品を見つける。

2、独占販売権を取得する。

3、国内の展示会に出展する。

あなたが直接行うのは、たったこれだけです。詳細な説明は、このあとでお伝えしますが、まずは全体像をつかんでおいてください。

ちなみに「展示会」は、メーカーがそれぞれ販売したい商品を展示し、それを販売店のバイヤーが買い付けに来る、いわばメーカーと販売店をつなぐマッチングの場です。

輸入ビジネスと聞くと、「英語ができなければならない」「関税や法律の知識が必要」といったイメージを持つ方が大半です。しかし、**実際には高度な英会話のスキルも、関税や法律の知識も必要ありません。**関税や法律については、専門家に丸投げできてしまうのが、輸入ビジネスの世界です。

あなたが行うことは、**日本にまだない素晴らしい商品や、日本で買うより驚くほど安い商品を探してくることだけ。**

難しいと思われている販売についても、展示会という高確率な営業手法を利用すれば、それほど苦労することはありません。商品の価値さえきちんとアピールすることができれば、引く手あまたと言っても、決して大げさではないでしょう。

その商品が素晴らしいものであればあるほど、魅力を感じてくれた大きな組織（全国に店舗を持つ販売店など）がせっせと販売してくれることになります。

ビジネスが軌道に乗るまでの期間も、半年から1年を見ておけば大丈夫。**それで年商数千万円から数億円が見込める仕組みを作ることができるのが、輸入ビジネスの醍醐味です。**

第1章で、「高い値段を付けられない理由」をご説明しました。読者の中にはまだ、「やっぱり高値を付けたくても、付ける勇気がない」と考えている方もいるでしょう。ですが、BtoB輸入ビジネスならばこの「高値を付けられない」というハードルはグッと低くなります。

その理由はBtoB輸入ビジネスの具体的な方法を知ることで見えてくるはずです。

大須賀流輸入ビジネスの仕組みは実にシンプル

ここまでで、BtoB輸入ビジネスがどういうものか、大枠をイメージしていただけたでしょうか。

とはいえ、「どうやって海外の展示会で商品を見つければいいのか」「独占販売権なんてどうやって取得するのか」「なぜ国内の展示会に出展するだけでいいのか」といった疑問を浮かべる方がほとんどでしょう。

ここからは、それぞれについてもう少し詳しく説明していきます。

❶ 海外の展示会で商品を見つけよう

輸入ビジネスは「海外から魅力的なモノを仕入れて、付加価値を高めて売る」物販業です。ですから、まず商品がなければ話になりません。その商品は海外の展示会で見つけましょう。

インターネットで探すことのできる商品は、他の誰にでも見つけることが可能です。

一方であなたが直接、海外の展示会に足を運んで見つけた新商品は、日本にはない唯

一無二のオリジナル商品となります。

輸入ビジネスとは、そのようなお宝を海外で発見する宝探しのようなものです。それもかなり高い確率で、お宝に出会えるトレジャーハントなのです。

あなたが見つけて輸入した商品が、日本でブームを巻き起こすことだってあるかもしれません。いかがでしょう。そんなふうに考えるとワクワクしてきませんか？

そんなお宝がずらりと勢揃いしているのが、海外の展示会です。展示会とは、メーカーなどの企業が一堂に会して、3日間ほど、新商品やサービスを展示したり、デモンストレーションしたりする場です。

そんな展示会には、**日本はもちろん、ネットにもまだ出回っていない未発掘の商品がずらりと並んでいます。**ですから、あなたが気に入る商品も、かなり高い確率で見つかることでしょう。

実際に展示会に足を運んだ人の中には、気に入った商品がありすぎて絞り込めないと、うれしい悲鳴を上げる人も少なくないのです。

海外の展示会に行けば、こちらからわざわざ商品について調べなくても、商品の担当者から直接、説明してもらえます。海外の展示会で3日間集中して、朝から晩まで商品を自分の目で見て回り、メーカーの担当者から説明をしてもらって、気に入ったものを引っ張ってきたほうが、ネットなどで商品を探すよりも、はるかに効率的なのです。

「英語もしゃべれないのに海外の展示会に出かけて、いきなり商談するなんて……」と、腰が引ける人もいるかもしれません。しかし、のちほど紹介する、いくつかのフレーズだけ覚えておけば困ることはありません。覚えるのが苦手なら、メモを見ながら話したって構わないのです。

考えてもみてください。あなたは展示会の出展者にとって、お客様です。しかも、とても魅力的なマーケット（その理由は後述します）である、日本からやってきた大切なお客です。

あなたが逆の立場だったらどうするでしょう。**相手の日本語が片言だからといって、むげに扱うでしょうか。商品を買ってもらうため、身振り手振りを交えてでも、なんとかコミュニケーションしようとするはずです。**

最近では翻訳アプリなど使って交渉する人も少なくありません。あなたが基本的なフレーズだけを覚えておけば、向こうから、なんとかコミュニケーションをとろうとしてくれます。

❷ 独占販売権を取得しよう

せっかく日本にない素晴らしい商品を見つけることができても、その後に同じ商品を売るライバルが現れてしまえば、価格競争になってしまいます。

ですから可能な限り、独占販売権を取得してください。

独占販売権とは、文字どおり、そのメーカーの商品を日本国内で独占的に販売する権利のこと。あなたが見つけた商品を日本で売る権利が、あなただけにしかないことを意味します。日本で、あなただけの独自のブランドが持てると言ってもよいでしょう。

独占販売権を持つことは、あなたが日本で、その商品のメーカーになることを意味します。ですから当然、その商品の価格はあなたが自由に決めることになります。

第2章でもお話ししたように、**競争の世界で、オンリーワンの存在になることは強みです。**自分が日本での価格決定権を持って、ビジネスを主導することができるのですから。

独占販売権は絶対条件ではありませんが、獲得したほうが日本国内にライバルがいないため、より確実な利益につながります。

「独占販売権」と聞くと、中小零細企業や個人では獲得するのが大変そうに思われるかもしれません。しかし、実際には個人レベルで多くの人が、この獲得に成功しているのです。

独占販売権の獲得が想像するよりも簡単なのは、前述したように日本市場に参入したいと考える海外のメーカーがたくさん存在するためです。

日本市場に参入したくても、これまで日本の国際展示会などに出展できずにいた海外のメーカーにとって、あなたの提案はまさに渡りに船。格段に交渉がしやすくなるのです。

❸ 国内の展示会に出展する

これから起業しようとしている人にとって、もっとも頭を悩ませるのは、販路の確保ではないでしょうか。

新規事業を立ち上げようとしている中小零細企業でも、すでに持っている販路を利用できれば話が早いのですが、畑違いの商品を売る場合は、新たな販路の確保が必要になります。

もしかしたら、あなたはネットショップなどを立ち上げて、一般の消費者に売るBtoCモデルをお考えかもしれません。

しかし、私はそれをおすすめしていません。BtoCですと、売れれば売れるほど、あなた自身が受注作業や発送作業などの手間に追われることにもなってしまいます。また、メーカーにとっても一ショップに独占販売権を与えるという形で納得するとは思えません。

そうであれば、すでに売るノウハウを持った企業に、あなたの商品を大量に売ってもらいましょう。**つまりBtoBモデルとするのです。**

その方法はいたって簡単。あなたが海外のメーカーから送ってもらったサンプルを国内の展示会に出展して、訪れたバイヤーと商談するだけです。

見つけた商品を、あなたが一社一社、電話でアポイントを取って売り込んでいたら、大変な時間と手間がかかります。

しかし、バイヤーを含めた20万人もが全国から集まる、国内の展示会に出展したらどうでしょう。もちろん20万人全員が、あなたの商品に興味を持つわけではありませんが、少なくともそのうちの100~200人は、あなたの商品に興味を示すはずです。その人たちと商談すればよいのです。

意外と知られていないのですが、日本の展示会には、中小零細企業でも出展できます。もちろん個人でも大丈夫です。

ブースで待っていれば、興味を持った問屋や、デパートやチェーン店、ホームセンターといった小売店、大手通販会社やTVショッピング会社といったバイヤーたちが「その商品を売ってほしい」と来るのですから、こんなに楽なことはありません。

第2章で、価値を「伝えるスキル」の大切さについて述べましたが、**いくら「伝えるスキル」を磨いても、伝える相手がいなければどうにもなりません。しかし顧客が向こうからやってくる展示会ならば、より多くの人に、しかもより購入確率が高い人に、あなたが選んだ商品の魅力をアピールできます。**また、あなた自身が気付いていなかった商品の価値を見いだしてくれる人も現れるかもしれません。それも何十万人が集まる展示会ならではのメリットです。

もちろん展示会の出展料はかかります。3m×3mのブースで、施工費を合わせ、70～80万は必要です。ただし、それで100社以上のバイヤーと商談できる可能性があるのです。これはきわめてコストパフォーマンスのよい投資です。

経験上言えることですが、日本初上陸の商品で、その価値をきちんと伝えることができれば、受注率は格段に上がります。つまり出展料などすぐに取り戻せるのです。

その驚くべき費用対効果や実例、国内展示会の出展方法などは、後ほど詳しく紹介しましょう。

BtoB輸入ビジネスが優れている理由

自分で価格を決められるビジネスの中でも、**とりわけBtoB輸入ビジネスは、優れたビジネスモデルであると、私は自負しています。**私はよくセミナーで「最強の仕組み」と言っているのですが、決してそれは大げさではないのです。

ここからは、なぜBtoB輸入ビジネスが優れているのか、これから起業しようとしているあなたや、新規事業を考えている中小零細企業主におすすめなのか、その理由について述べていきましょう。

1 モノを自分で作らなくても「作り手」になれる

輸入ビジネスで扱う商品は、あなたが海外の展示会で見つけてきたものです。ですから**商品をゼロから、企画開発・製造する必要は一切ありません。**

あなたに必要なのは、日本で売れそうなものを見極める嗅覚とセンスだけです。それなのに**日本国内では、実質的に新商品を開発・製造するメーカーと同じ立場になることができます。**

我々、一人一人の生産力は限られています。ですが、海外メーカーと輸入契約を結べば、実際に法律上も、日本では輸入者がメーカーと位置づけられます。その分、製造者責任などを負う必要もありますが、その点は保険などでカバーすれば大丈夫。

それよりも**メーカーであるあなたが提供する、その商品は、日本国内においてあなた自身のブランドとなるわけで、そのメリットのほうがはるかに大きいのです。**

メーカーは流通のもっとも川上に立つ立場です。読者の方の中には、これまでメーカーに振り回されてきた中小零細企業主もいるでしょう。しかし、今度はあなたが逆の立場になれるのです。

魅力的な製品の作り手になれて、同時にビジネスを主導する立場にもなれる。

本書をここまで読んでくれたあなたには、それがどんなに素晴らしいことか、もうおわかりでしょう。

前の章で「オンリーワンやトップランナー、差別的優位性が高いモノやサービスなら自分で価格を決めることができる」と述べましたが、輸入ビジネスならば、誰もがこれらの条件をクリアした製品でもってビジネスを始めることができます。

たとえば、日本初上陸の商品を見つけて、輸入したとします。その商品はそれまで、日本になかったものですから、トップランナーとして相場に縛られない値付けが可能になります。すでに日本にあるモノでも、より機能的に優れていたり、価格（原価）が安かったりすれば、それは差別的優位性となり他よりも高い値付けや高い利益率を可能にしてくれます。要は、**差別的優位性の高い商品を発掘する、もしくは差別的優位性を自ら見出すことができる商品を見つけることが重要となります。**そんな商品を自分で開発製造しなくてもよいのですから、大きなメリットといえるでしょう。

❷ ローリスクである

モノを作らなくてもメーカーになれる。これは、多くの場合でメーカーになるために必要な初期の設備投資が必要ないことを意味します。すでに完成した商品を輸入するのですから、当然と言えば当然です。

加えて、輸入するからといって、最初から大量の商品を輸入する契約を結ぶことはありません。海外の展示会では、まずサンプルを少量だけ取り寄せます。

つまり**初期投資は、渡航費用とサンプル代、そして国内展示会への出展料くらいです。**渡航費用は格安航空会社を選んだり、マイレージを使ったりして、低く抑えることが可能です。

サンプル代が無料であるケースもありますが、多くの場合、サンプル代は有料です。そうして取り寄せたサンプルを国内の展示会に出展して、反応を見ましょう。そこで**「買いたい」バイヤーがいることを確認してから、本格的に輸入を始めるわけですから、売れもしない在庫を抱えて頭を抱えるといったリスクを背負うことがないのです。**つまり、買ってくれる顧客がいることがわかったうえで、本格的に始められるリスクの少ないビジネスなわけです。

❸ BtoBなら利幅が大きく販売スタッフも不要

輸入ビジネスにはBtoBとBtoC、どちらもあります。ですが、私がBtoBのみおすすめしていることには理由があります。

まず一つ目は、**初期段階では営業マンや販売スタッフを抱える必要がないということ。**大須賀流BtoB輸入ビジネスでは、基本的に国内の展示会に出展し、企業のバイヤーを相手に商談をします。要は、お店を構え、販売スタッフを揃える必要がないのです。また、企業や個人宅に飛び込みで営業をかけることもありませんから、営業マンを抱える必要もありません。もちろん、事業が大きくなって自分一人で営業をしきれなくなったら、営業部隊を増やしていくことも可能です。

ただ、初期段階ではあなたが話をするのは、目の前にいるたった一人。展示会で出会うバイヤーと商談するだけで、大きな売上を手にすることになるのです。

しかも、この時売れる商品の数はたった一つというわけではありません。BtoCであれば、あなたが懸命に口説いた相手が購入してくれる数は、基本的に一つでしょう。ですが、バイヤーが購入していくのは何十、何百、ときに1000を超える大きな数です。

このように、**一度の営業チャンスに対して、売上が大きいというのは、BtoCと比べたときのBtoBの大きなメリットです。**私の経験から言うと、BtoCは努力の割に売上や利幅が小さいビジネスが多いと言えます。BtoBの市場規模が317兆円以上あるのに対し、BtoCの市場規模は17兆円ほどしかないというのを、ご存じでしょうか？　輸入ビジネスに限らず、大きな金額でビジネスをしたいならば、迷わずBtoBを選ぶことをおすすめします。

もちろんBtoCには、「参入しやすい」「ブランディングがしやすい」「社会（最終消費者）への影響が大きい」といったメリットがありますし、BtoBにも、「最初の取引が始まるまでに時間がかかる」「掛売り（請求書払い）による回収不安」といったデメリットがあります。ですが、**メリット・デメリットをしっかりと知り、その対策さえ学んでおけば、BtoBビジネスはあなたの想像以上に参入可能な世界です。**もし「これまでやったことがないし、自分にはできそうにない……」と思われる読者がいらっしゃるのであれば、それは非常にもったいないこと。ぜひ「難しそう」という先入観を捨てて、BtoBビジネスについて学んでみることをおすすめします。

4 特別な能力や資格が必要ない

第2章で、セミナー講師やコンサルタント、アドバイザーなども、自分で価格を決めやすいビジネスだとお話ししました。しかし、そうしたビジネスには、**自らの立場や言葉に説得力を持たせることができるような、特別な経験やノウハウ、あるいはブランディングが必要となります。**

一方で、輸入ビジネスは、どんな人でも行うことができます。

実際に私のセミナーにも、新規事業を考える中小零細企業主や個人事業主だけでなく、大学生の若者から、主婦、定年を迎えてリタイアした方などが、大勢参加してくださっています。そして実際に輸入ビジネスの世界に飛び込んだ人の多くが、満足のいく成果を出しているのです。

輸入ビジネスを始めるにあたって、必要なのはパソコン、FAX、名刺、パスポートくらいです。

特別な資格は一切、必要ありません。あなたが「○○トレーディング」といった名刺を作り、そこにメールアドレスと住所を載せれば、それだけであなたはインポーターになれるのです。

実際に英語力も関税や法律の知識もない多くの人が、輸入ビジネスの世界で活躍しています。

輸入ビジネスとは「科学」であり「方程式」であると言いました。仕組みどおりやれば、どんな人だって成果を収めることのできるのが、BtoB輸入ビジネスです。

5 多くの部分をアウトソーシングできる

関税や法律の知識もなく、海外でビジネスをした経験もない人たちが、なぜ輸入ビジネスの世界で活躍できるのか。疑問に思われる方も多いのではないでしょうか。

結論からいえば、それは輸入に関する実務的な作業の多くを外部に委託できる、つまりアウトソーシングすることができるからです。

この業界には、運送手続きから通関までを、一貫して引き受けてくれる運送業者が存在します。それが後で紹介するフォワーダーです。

私のクライアントに人気なのは、運送から通関までに留まらず、海外から日本の港に届いた商品を、倉庫で保管してくれ、お客様への小口配送まで、手続きのすべてを行ってくれるフォワーダーです。

あなたがこれから輸入ビジネスを始めるのであれば、最初はこのように輸入から通関、倉庫保管、配送まで代行してくれるフォワーダーと契約してください。通関の面倒な手続きや物流の問題が一気に解決します。

ぜひ、面倒な事務手続きなどはすべてアウトソーシングして、あなたは、海外で商品を選ぶことや、その商品の価値をどう伝えるかを考えることにエネルギーを注いでください。その方が圧倒的に楽しいですよ。

6 日本人であるメリットを最大限に活かせる

実際に海外に出れば、**日本人だと名乗るだけで、他国のビジネスパーソンより優位な立場でビジネスができることを、多くの日本人が知りません。**

我々日本人は今、ビジネスをしたい相手として海外の人から信頼を得ている存在なのです。

日本は世界3位の経済大国で、市場規模も世界11位。日本人は金銭面での信用も世界的にずば抜けて高いことは皆さんもご存じの通りです。

ちなみに世界には１９６の国と地域があります（日本政府承認・日本を含む）。あなたは、その中で日本語を教える教育機関がある国はどれだけあるかご存じでしょうか。セミナーで聞くと、多くの参加者が40から50と答えます。ところが実際には136の国と地域、つまり世界の約7割において、日本語をなんらかの形で学ぶことができるのです。日本人以外に、日本語を話す人は、世界に約400万人以上います。ゲームやアニメの影響もあって、日本はビジネス相手としてだけではなく、文化にも興味や関心を持たれています。製品の完成度の高さからも、日本は貿易の世界では信頼されています。

ですから日本人であることのブランド価値を、自信を持って使わないと損なのです。

そんな日本の市場で、自社の製品を流通させたいと考える人が、海外には、数多く存在するのです。ですから海外の展示会などで「御社の商品を日本で販売することに興味はありませんか？」と話しかけてみてください。きっと多くの人が、身を乗り出してくるでしょう。

個人で輸入ビジネスを始めたとしても、何もためらう必要はありません。あなたは日本人というだけですでに有利な立場にあるのですから。

国際的な信用が高いため、日本人は190カ国・地域にノービザで入れ、「パスポート・ランキング」ではなんと世界一です。それにもかかわらず、日本人全体のパスポートの所有率は23・5％でしかありません。なんと4人に1人の割合です。所有していてもほとんど使っていない人も多いでしょうから、実際に海外に渡航している人はもっと少ないはずです。

あなたが実際に海外に足を運んでビジネスをするならば、国内で行うビジネスから抜け出せない人に比べて、稼げる可能性があるとも言えるのです。

7 小さな組織でも大企業に勝てるフェアな仕組みである

私のセミナーで、輸入ビジネスのノウハウを知った受講者には、任意でアンケートに答えてもらっています。

その中で「やってみたいと感じたポイントは、どこでしたか？」と尋ねる項目があります。その回答でもっとも多いものの一つが「**小さな組織でも大企業に勝てるフェアなビジネスだと感じた**」**といったものです。**

実際に、そうなのです。日本の法人の実に99・7％が中小零細企業。名の通った大企業の担当者との名刺交換などの際に、引け目を感じている人も少なくないはずです。いわゆる企業の看板の大きさがものをいうのが、日本のビジネス社会の現状なのでしょう。

お互いの個人能力でなく、所属先の規模で優劣が決められる、提示される価格まで違ってしまうことは、どう考えてもフェアではありません。そこに不満を感じる人も少なくないのです。

そんな人の多くが、輸入ビジネスの仕組みを知って、魅力的だと感じるといいます。なぜなら、あなたがこれから参入する輸入ビジネスの舞台である国際社会は、**会社の規模よりも、あなた自身の人間力のほうが重視される世界だからです。**

そもそも展示会に出展している海外のメーカーは、トヨタやホンダならいざ知らず、日本の法人の規模の大小など、最初から知りませんし、気にもしません。

なぜなら、彼ら自身の多くも大企業ではなく、個人や家族、少人数の仲間でモノ作りをしているファミリービジネスのオーナーたちだからです。

とりわけイタリアのメーカーはほとんどが家族経営の中小零細企業です。中小零細企業といっても、大企業の下請けではありません。自分の考えやセンスにこだわった商品を作って売る、こだわりの経営を行っているのです。

そんな彼らにとっては、あなたの会社の大小など関係ありません。それよりも、自社の商品のコンセプトに共感してくれているかどうか、商品を一緒にマーケットで広

めていこうとする情熱があなたにあるかどうかのほうが、よほど大切なのです。

日本の展示会においても、あなたが見つけた商品が魅力的ならば、会社の大小は関係ありません。テレビCMなどで目にする有名な大企業のバイヤーが「この商品、弊社で取り扱わせてください」と言うことだって、よくあることなのです。

いかがでしょう。まさに小が大に勝てるフェアなビジネス、それがBtoB輸入ビジネスです。

ちなみに私は輸入ビジネスをこのように定義しています。

「輸入ビジネスとは、自らが、莫大なる投資をすることなしにメーカーとなり、国内の上場企業、優良企業、さらには国内他メーカー、そして名だたる物販業者をもあなたのパートナーにしてビジネスができる究極のジョイントベンチャーである」

いかがでしょう、これまでどうあがいても越えられなかった圧倒的な壁を、軽々と乗り越えられるのです。ぜひ、そんな瞬間を想像してみてください。なんだかワクワクしてきませんか？

8 好きなことを仕事にできる！

輸入ビジネスとは「科学」であり「方程式」であると述べました。ただし、単調な方程式を繰り返していても飽きてしまいますよね。その点、**輸入ビジネスは、構造自体はシンプルでも、きわめて楽しいビジネスです。**

そもそも海外へ行くことそのものが楽しい。感性を刺激する商品が山のように並んだ海外の展示会をワクワクしながら見て回り、好きなジャンルの商品を探し歩くことも、私は楽しくて仕方ありません。

自分の好きなジャンルを仕事にしたほうが、圧倒的にうまくいきます。輸入ビジネスは、まさに自分の好きな国にビジネスで行けて、しかも好きなジャンルの商品を取り扱いながら勝負できるビジネスモデルなのです。

どんな職業であれ、あなたは人生における多くの時間をビジネスに費やすことになります。それにもかかわらず、会社勤めをしていた時代の私がそうであったように、多くの時間を好きでもなんでもないこと、あるいは苦痛しか感じない作業に費やすのは、人生の無駄でしかありません。

中国の思想家・孔子は「好きなことを仕事にすれば、一生働かなくてすむ」と言いましたが、あなたはこの言葉のように生きてみたいと思わないでしょうか。

アマゾンの共同創設者でありCEOのジェフ・ベゾスもこう言っています。「自分の情熱を注ぐことのできる仕事を興し、それが顧客に大きな価値を提供できるものであれば、成功への道は開かれている」

まさにそのとおりです。**好きなことでなければ情熱を注ぐこともできません。**顧客に大きな価値を提供できて喜んでもらえることも、あなたにとって、大きなやりがいとなるでしょう。

9 クリエイティブでやりがいがある

海外から輸入した商品を、そのまま売るのではなく、その商品が日本の市場で売れるような工夫をすることも、やりがいの一つです。

好きなジャンルであれば、そのジャンルでどんな商品が必要とされるのかもよくわかります。ですから**取引相手の海外メーカーに「もう少し、こんなところを工夫してみませんか」とか「この商品とこの商品をセットにして売ると、日本人に受けると思いますよ」といったクリエイティブな提案をすることもできます。**

海外のメーカーは、日本で売りたいわけですから、喜んであなたのアドバイスを聞き入れてくれるでしょう。

日本で売る際のネーミングも、あなたが決めてください。日本の展示会で、その「ネーミングがいいですね」と言われたり、「この工夫が素晴らしいですね」と言われたりして契約が決まったときのことを想像してみてください。その喜びは、きっとあなたが想像した以上で、輸入ビジネスを始めてよかったと心から思えるでしょう。

先程、輸入ビジネスは、究極のジョイントベンチャーだと言いました。ジョイントとは「つながる」といった意味です。何につながるかといえば、海外のメーカーはもちろんのこと、国内の大きな企業との連携もそれにあたります。あなたが輸入した製品がヒットすれば、海外の商品と日本人をつなげることにもなります。

ただ単に儲かるだけではない、楽しくて、しかもやりがいのあるビジネスに情熱を傾けることができる。それがBtoB輸入ビジネスを始める最大のメリットかもしれません。

輸入ビジネスの未来は明るい

国際貿易には、とても重要な概念があります。それが「比較優位」と呼ばれる考え方です。

これは19世紀の初め、イギリスの経済学者デヴィッド・リカードが発見した貿易の原理で、簡単にいうと、貿易をすると双方の国にとって大きなメリットがあるとするものです。

自分の国も相手の国も、得意とするものの生産に特化して、他のものは相手国との貿易によって補うことで、お互いにより優れた、質の高いものを生産することができ、多くのものを得ることができる、つまり世界的に役割を分かち合う国際分業によって、全体の利益が高まるという考え方です。

このことが証明されて以来、国際社会は自由貿易の実現に向けて、さまざまな取り組みを始めました。

トランプ大統領の登場など、一時的に保護主義的な方向にぶれることも時にはあります。しかし、もっと長いスパンで見れば、リカード以降の絶対的なトレンドとして、今後も貿易は自由化の方向に進んでいくことは間違いありません。

旧来のように「自分の国がよければそれでいい」といった考え方では、すでに立ちゆかなくなっているからです。**おそらく今後、ますます世界は関税フリーの方向に進んでいくでしょう。その意味でも、輸入ビジネスは、絶対になくならない仕事のジャンルなのです。**

実際に日本がありとあらゆるものを輸入に頼っていることは、あなたもご存じでしょう。そして今も日本の輸入量は増え続けています。今後も輸入ビジネスの需要は増え続けるでしょう。

この世界は常に進化しています。人間に「もっと快適に」「もっと便利に」といった欲望がある限り、現状で満足する人はいません。人は常に新しくて優れたものを求めているのです。

その欲望に応える商品を海外で、見つけるのが輸入ビジネスです。輸入ビジネスの需要は、今後ますます増えていくに違いありません。

BtoB輸入ビジネスに向いている人・向いていない人

よく、どんな人がこのビジネスに向いているのですか、と聞かれることがあります。これは、すべてのビジネスに通じる答えになってしまうかもしれませんが、やはり**「チャレンジ精神がある人」だと言えます。**

第2章でもお伝えしたように、何事にも試行錯誤は必要です。すべての物事は即日成就することはありませんし、もしあったとすれば、それは偶然であり幸運です。それが一生続くわけではありません。そこを理解して、チャレンジを繰り返すことができる人が、向いている人だと言えます。

また、一度はすべて自分でやってみよう、と思える人のほうが向いています。ビジネスがまだ形になっていない段階で、大切な意思決定の部分を他人に任せてしまっては、その人らしいビジネスの構築は難しいと言えるでしょう。

より輸入ビジネスに特化してポイントを挙げるならば、やはり**異文化コミュニケーションに強い人、興味がある人が向いています。**異文化に対して、「いい」とか「悪い」ではなく、その違いを認識して理解を示せる人がいいでしょう。あとは、笑顔です。表情が豊かで、感情を表に出せる人のほうが向いています。

アマゾン転売ビジネスはやってはいけない

輸入ビジネスというと、仕入れから販売まで、すべてネットで完結させる方法をイメージされていた方も多いのではないでしょうか。

試しにグーグルの検索エンジンに「輸入ビジネス」と入力してみると、上位表示されるのはほとんどがネットを使ったビジネスで、これは正確に言えば「輸入」ではなく「転売」ビジネスと呼ばれるビジネスモデルとなります。

インターネットを利用して、アマゾンやヤフオク！などで需要のある商品をリサーチして、中国などのショッピングサイトから安く買い付けて販売して、その差額を利益とする方法ですが、この方法はおすすめできません。

「ネットを使って、1日1〜2時間で月収何十万円」とうたっていても、はっきり言ってそれは幻想です。

なぜなら、こうしたネット上の輸入ビジネスは、今売れている商品をみんなが探すわけですから、同じ商品が溢れているうえ、自由な価格設定権がないからです。自分で価格を付けるにしても、同じ商品の中で最安値を付けなければ売れません。これでは相当な数をこなさなければ儲からないでしょう。

そもそも個人輸入したものを転売して、利ざやを稼いで「ビジネス」とした場合、違法行為に問われる可能性があることを、あなたはご存じでしょうか。

本来、輸入品であれば、関税を支払う必要があります。関税とは、国内産業の保護などの理由から、輸入品に対して課される税金で、輸入をした業者には、国に税金を支払う義務が生じます。しかし、「個人」の立場で輸入した場合に限り、特別に関税が免除されているのです。ですから、営利目的で、商品を輸入して転売し利益を上げた場合、「業務輸入」となるため、関税を納めなければ脱税行為になりかねないのです。そのような法に触れかねない行為をしてまで、わずかなお金を稼ぐなんて、ばかばかしいと思わないでしょうか。

私がおすすめするのは、**現地に行って商品を発掘して、海外のメーカーと直接交渉して関税をきちんと払って商品を仕入れるもので、相手の顔が見えないネットビジネスとはまったく異なります。**経験上言えるのは、相手の顔が見えないビジネスほど怖いものはないということです。やはり、ビジネスの王道は人と人、人とモノが直接出会って生まれるものなのです。

これまで輸入ビジネスを知らなかった人にとっては、海外で仕入れて日本で売るなんて、まったく新しい領域に思えるかもしれません。しかし、実は輸入ビジネスはまったく新しい領域ではありません。何か特別な能力や、新しい技術の習得が必要なわけではなく、**あなたがこれまでに積み上げてきた経験やノウハウ、人脈や販路といったリソースを活かすことが十分可能なのです。**

今後は人工知能が、多くの人の仕事を奪う可能性が指摘されています。またグローバリズムが進行することによって、安価な労働者や商品も大量に日本にやってくるでしょう。その潮流に飲み込まれ、今よりも熾烈な低価格競争をするのか、それともその潮流を利用して、まだ日本にない魅力的な商品を仕入れてより大きく儲けるのか、あなたなら、どちらを選ぶでしょうか。

《《《《第3章●まとめ》》》》

●価格を自分で決められるビジネスの中でも、BtoB輸入ビジネスは優れている。
その理由は次のとおり。

1、モノを自分で作らなくても「作り手」になれる
2、ローリスク
3、BtoBなら利幅が大きく販売スタッフも不要
4、特別な能力や資格が必要ない
5、多くの部分をアウトソーシングできる
6、日本人であるメリットを最大限に活かせる
7、小が大に勝てるフェアな仕組みである
8、好きなことを仕事にできる
9、クリエイティブでやりがいがある

Let's Think

輸入ビジネスの優れたポイントと、自分が提供している（提供しようとしている）モノ・サービスとを照らし合わせて考えてみよう。

Q. 差別的優位性のある魅力的な商品を、自分で製造せず仕入れることはできないか？

Q. 他社が参入できない、または参入しづらい市場を開拓できないか？

Q. もっと高確率な営業方法はないか？

Q. 日本人であるメリットを活かすことはできないか？

Q. 技術習得に時間がかかりすぎていないか？

Q. 自分で抱えず、もっとアウトソーシングできることはないか？

Q. あなたはビジネスパーソンとして認められているか？　使いやすいだけの業者になっていないか？

Q. あなたが働く業界に未来はあるか？

COLUMN

輸入した商品が、ネットで売れることもある

この章では、価格を自分で決められるビジネスの中でも、BtoB輸入ビジネスが優れている、ということをお伝えしましたが、もちろん展示会に出展する道だけが販路ではありません。すでに販路を持っている人は、そちらで販売しても構いません。

私がおすすめするのはあくまでBtoBモデルですが、中にはネットを使ってBtoCで商品を売っている人もいます。台湾で10円で仕入れたピアスを、日本で1980円で売った女性社長のIさんも、自らのネットショップでピアスを販売していました。

ネットを経由して思わぬところから注文を受けた人もいます。九州で塾を経営しているN先生のケースがそうです。その先生は少子化の流れもあって、塾経営の将来に不安を感じていたため、もう一つの事業の柱として輸入ビジネスを始め

ることになり、私のところにアドバイスを受けに来ていました。

そして私と一緒にヨーロッパの展示会に出かけ、ドイツの木製の知育玩具の独占販売権を獲得することができました。もし、売れなかったら塾の生徒のお母さんたちに買ってもらおうと考えていたようです。

そして、展示会の開催まで日にちがあったので、その商品をとりあえず自分のサイトにアップしていたところ、とある大手外資系企業D社から連絡があり、いきなり知育玩具360万円分のオーダーを受けたのです。

D社は誰もが知る大手の飲料メーカーで、その知育玩具を景品に使いたいと考えているといいます。

すっかり慌ててしまったN先生は、私に動揺した様子で電話をかけてきてこう言いました。「今、D社を名乗る会社から注文の電話があったんですけど、これって詐欺ですよね？」

今にして思えば、笑い話ですが、先生にしてみれば、なぜそんなに有名な企業が自分に電話をかけてくるのか、信じられなかったのです。

そこで私は「オーダーを受けましょう。ただし万が一のことを考えて、先に3分の1をキャッシュで前払いするように言ってください。本当であれば、それでも相手は嫌とは言わないはずですから」とアドバイスしました。

そしてN先生がそのとおり伝えたところ、D社はあっさりと100万円を振込んできたのです。そしてN先生は、その現金で新たにドイツのメーカーから知育玩具360万円分を仕入れてD社に販売したのです。

知育玩具の仕入れ値はトータルでも60～70万円。結果的に、先生は電話一本で、約300万円の粗利を得ることができました。

これも独占販売権を獲得していたからこそ、起こり得たことでした。なぜならD社が気に入った知育玩具は、日本ではN先生からしか買うことができなかったからです。

展示会に出展しなくても、このように偶然、ネットを経由して受注できることもときにはあります。いつどんなきっかけで売れるかわからない。これも輸入ビジネスのおもしろさの一つと言えるでしょう。

第4章

何がどう売れる？
事例で見る価格設定のコツ

第3章では、自分で価格を決められるビジネスの中でも、BtoB輸入ビジネスが優れているということをお伝えしてきました。なぜ優れているのかというポイントは、輸入ビジネス以外にも役立つものだと思いますので、ぜひ、あなた自身のビジネスと照らし合わせて考えてみてください。

ここからは、実際に輸入ビジネスを実践している方々の事例を紹介しながら、輸入ビジネスが誰にでも構築可能な仕組みであることをお伝えします。

実践者はこうして高い粗利率を実現している

好きなジャンルか、よく知るジャンルが狙い目

輸入ビジネスでもっともキモになるのは、**海外の展示会に行って、どんな商品を選ぶか、その見極めです。**

始めたばかりの人は、よく「どんな商品が日本で売れるのか、わからない」とこぼします。ですが前にも述べたように、**まずは好きなジャンル・よく知るジャンルの商品を選んでください。**

好きなジャンルであれば、当然、そのジャンルの商品に詳しいはず。たとえば雑貨であれば「これって、私と同じく雑貨好きな人なら、きっと欲しがるはず」といったことにも気付きやすくなります。

値付けをするにしても、「これくらいの価格を付けても、私なら購入する」といった判断がしやすいのです。

自分が詳しいジャンルではなく、日本で売れそうなものや、儲かりそうなものを選ぶ人も多いのですが、そのジャンルに詳しくなければ、その人が知らないだけで、すでに日本にあるものを選んでしまうこともあります。また知らないジャンルだと、日本での相場からあまりにかけ離れた値付けをしてしまうこともあるのです。オンリーワンやトップランナーのパターンであれば、それでも売れるかもしれませんが、差別的優位性を強みに価格を付ける場合は、あまりに相場観からかけ離れていると、お客様に選ばれない可能性があります。

もちろん好きなジャンルでも、サンプルをオーダーする前に、類似商品が日本にあるかどうかは念のため、滞在先のホテルに帰ってネットなどで調べる必要はあります。ただ、仮に類似商品がすでに日本にあったとしても、好きなジャンルなら「ここを改良してください。日本人はこういう機能を喜ぶのです」などといった提案を海外のメーカーにすることで、類似商品に比べて商品に差別的優位性を持たせることができるのです。

あなたが好きなものでなくとも、これまでに携わってきた業界のものであれば、同様に目利きができるでしょう。
もし、あなたがすでに国内で物販を行っていて、販路を持っているのであれば、事前に顧客に「どういうものが必要でしょうか?」と直接聞くこともできます。顧客が欲しがりそうな商品もわかるでしょうから、そのサンプルを輸入したうえで顧客を訪問して、「これを新しい商品として、御社の売上を伸ばしたらどうでしょうか」といった、提案営業もできます。

粗利を上げたいなら「C・L・V」を選べ!

もう一つ、目安として挙げるなら「C・L・V」な商品を選ぶとよいでしょう。「C・L・V」とは、次に挙げる三つです。

C＝Compact(小さい)
L＝Light(軽い)

V＝Value（価値がある）

つまり「小さくて、軽くて、価値がある商品」です。小さくて軽ければ、当然輸送費も安くなります。

輸送業者は、「小さくても重い商品」であれば、重量で輸送費を計算し、「軽くても容積が大きい商品」であれば、容積で輸送費を計算するのです。

輸送費も軽視できませんから、なるべく小さくて軽い商品を選んだほうが粗利率も上がります。

第3章のコラムの中で、原価10円のピアスを1980円で売った女性社長の例を挙げましたが、彼女などは、中国でまとめて買ったピアスを、自分のスーツケースに入れて、コロコロと転がしながら帰国しました（もちろん、ハンドキャリーであっても商用の場合は、申告が必要ですので課税のレーンに並びます）。このケースなどは、当然のことながら、輸送費はゼロです。中国への渡航費など、格安航空会社なら、往復でもせいぜい5万円程度ですから、コストはきわめて安かったでしょう。

輸入ビジネスとは、「タイムマシン」ビジネスである

大きく分けると輸入する商品には、二つのパターンがあります。

私はよく「輸入ビジネスは、タイムマシンビジネス」だと説明するのですが、**扱うモノには「未来から持ってきた商品」と「過去から持ってきた商品」があるのです。**

まず「**未来から持ってきた商品**」。

もちろん「未来から持ってきた」は、ある種の比喩で、現在、日本にはまだない商品のことです。あるいは似たようなものはあっても、それまでにない付加価値があれば大丈夫です。

たとえば、穴の開いた通気性の良いサンダルとしてヒットした「クロックス」。これも2005年以前の日本にはなかったものを、アメリカから輸入して、日本に出現させたものです。

あなたが「**おっ、これって新しいな**」**と感じる商品の多くは、輸入業者がタイムマシンである飛行機に乗って、海外という未来から、今の日本にもたらしたものなのです。**

未来から持ってくる商品は、文化度の高い欧米の展示会に行けば見つけることがで

きます。日本にはそれまでなかったものですから、もちろんライバルは不在で、自由に値付けできます。

欧米の商品であれば、次のように、展示会で購入した価格の5倍を目安に価格を付けてください。

この倍率は、私が長年の経験から編み出した一つの指針です。輸送費等のコストも加味して、あなたがちゃんと儲かる価格にするための方程式です。

【未来（欧米）からの商品】 仕入れ価格×5倍＝あなたが付ける価格

一方、過去から持ってくるものもあります。

アジアや南米、アフリカなど発展途上国のメーカーで作られたものには、まだまだ物価が安かった、いうならば日本の昭和30年代のころの価格で売られているものも多くあります。そうした**物価や労賃の格差を利用して、粗利を稼ぐことができるのが、過去から持ってきた商品です。**

同じモノが昭和30年頃の値段で購入できるのであれば、日本人が当たり前だと考えている、現在の相場観を根底から壊すことが可能です。そうなれば価格の面で圧倒的な差別的優位性を持つことはいうまでもありません。

この場合は、日本にない特殊なものではなく、むしろ顧客が反復して購入するようなベーシックな商品が適しています。すでに顧客に対する販路を持っている人であれば、過去から持ってきた商品を選ぶとよいでしょう。

過去から商品を持ってくる場合は、購入価格の10倍の価格を付けても売れる商品を選んでください。これも、私が経験から編み出した一つの指針です。

【過去（アジア）からの商品】仕入れ価格×10倍＝あなたが付ける価格

もちろん、必ずそうするべき、というわけではなく、一つの目安です。商品を仕入れる際に、こうしてだいたいの定価を弾き出し、交渉の場で、これは日本に持ってきても、その価格で売れるかどうかを判断するのです。

欧米から輸入した商品に5倍、アジアから輸入した商品に10倍の価格を付けるというと、あまりにふっかけすぎているかのように感じる人もいます。しかし、のちほど実例を紹介しますが、この倍数で価格を決めると、不思議と日本のマーケットで売ってちょうどよい値段となるのです。

5倍、10倍としたところ「高すぎる」と感じる商品も、もちろん中にはあります。

一方で、それでも「安い」と思える商品もあります。そういうときは、もっと高い価格にしてください。**繰り返しになりますが、値付けはあなたの自由です。高値が付けられるということは、それだけ価値があるということです。**自信を持って値付けしてください。

未来から持ってくる商品の選び方

初心者には「未来から持ってくる商品」がおすすめ

私が輸入ビジネスの初心者におすすめしているのは、「未来から持ってくる商品」です。こちらのほうが**消費者に品質や機能性の違い、新奇性など差別的優位性に気付いてもらいやすいからです。**

具体的には、次のようなものがあります。

○外国ではヒットしているのに日本にはなかったもの
(例)クロックス、ロボット型掃除機、ルービックキューブ、など

○ちょっとしたアイデア商品
(例)曲がるまな板、片手で開けるボトル・オープナー、など
○機能的に便利で使い勝手のよい商品
(例)取っ手がとれて収納しやすい鍋、コードレス掃除機、など
○特定のニッチマーケットに向けた商品
(例)猫好き向けの猫グッズ、富裕層向け商品など
○特許・意匠などの知的財産権がらみのもの
(例)ビリーズ・ブート・キャンプ、ウォーリーをさがせ！、など
○その国独自の文化の薫りがするもの
(例)ベネチアングラス、ベリーダンスグッズ、など

その商品には、どのような魅力があるか？

魅力的な商品かどうかの観点から商品を選ぶ場合、次のようなことに注目しておくとよいでしょう。第2章でお伝えした、差別的優位性と重なる部分もあります。併せて再度第2章をご確認いただくと、より理解が深まるでしょう。

①新奇性「**その商品に新しさはありますか？**」

新奇性とは、目新しさ・物珍しさを指す言葉です。従来にない、目を引く新しい商品が日本人は大好きです。穴の開いたサンダルなど、見たこともない。そんな新奇性からクロックスも売れました。

日本の製品は精巧さでは、世界ナンバーワンですが、真面目な国民性を反映してか、ユニークで新奇性のある商品は、欧米に比べれば意外と少ないので、狙い目です。

②希少性「**その商品に珍しさはありますか？**」

人は希少なものに価値を感じる生き物です。ゲームでもレアなキャラクターに出会うと喜んでしまいますよね。ゴールドやダイヤモンド、プラチナが高いのも、その希少性に由来します。

ＴＶショッピングなどで「限定10名様だけ……」などと言われるとつい買ってしまうのも、そうした心理を利用したものです。

③独自性「その商品は他にはないものですか？」

新奇性や希少性と並んで、独自性も重要です。あなたが見つけてきた商品が、「日本初上陸」のものであれば、おのずと独自性のある商品になります。もし似たようなものがあっても、独自の機能やデザインのものであれば、オリジナリティと差別的優位性で価格勝負ができます。

おすすめはその国で特許を取得している商品です。そうすれば必然的に別メーカーの類似品等も少なくなります。ぜひ日本での独占販売権を取得して販売してください。

④信頼性「その商品は信用できるものですか？」

同じ和菓子であっても「宮内庁御用達」とあるだけで、高い価格を付けられます。「欧州でグッドデザイン賞受賞」といった受賞歴も、その賞品の信頼性を高めるものですし、「アカデミー賞女優が愛用」といった実績も信頼性を担保するものです。

映画の宣伝で「全米が泣いた」などとPRするのもそうですし、「顧客満足度ナンバーワン」などとアピールするのも、信頼できるものであることを訴えているのです。

⑤時代性「その商品は時代に合ったものですか?」

時代のニーズに合っているかどうかも重要です。いくら安くても今、VHSのビデオデッキを購入する人は限られています。今の時代にマッチしていなければ、需要はありません。

ただアナログレコードプレーヤーまでいくと「かえって新しい」と感じるニッチな層もいます。あえてそれを狙うのもありです。

⑥社会性「その商品は社会の役に立つものですか?」

「リサイクルできて環境に優しい」「ゴミが出ない」といった社会貢献できる要素も付加価値になります。私のクライアントに、腰を曲げずに靴下がはける補助器具を輸入してヒットさせた人がいました。このように高齢者に優しい商品などにも社会性があります。環境問題、少子高齢化問題、介護や女性の社会進出、そうした課題の解決に役立つのが社会性のある商品です。

⑦物語性「その商品にはどんなストーリーがありますか？」

なんの変哲もない古い湯飲みを並べて置いても、誰も気に留めません。値段も付かないでしょう。しかし、その前に「秀吉公愛用の茶器」と立て札があれば、数千万円の値が付きます。

それは商品に「秀吉が愛した茶器」といった物語性が付加されるからです。著名人の物語でなくても、「フィレンツェで18世紀から愛されてきた陶器」といったブランドの歴史や「熟練の職人が手で縫ったバッグ」といった作者のこだわりなどもストーリーになります。

海外の展示会で商品を選ぶときは、この七つに当てはまるかどうかを意識して商品を選びましょう。この七つのポイントのうちいくつかがあれば、日本で販売する際に、商品の価値が伝えやすくなります。

自分の好き嫌いだけでなく、日本のマーケットにアピールできる商品かどうかを見極めながら、選ぶのが重要なポイントです。

また、商品の価値を伝える際も、こうした差別的優位性を強調してアピールすれば、より価値が高まります。

こう書いても、まだまだピンとこない人もいると思います。そこで次からは、未来から持ってきた商品で成功した人は、どんな商品をどんなふうに売って、どれほど儲けたのか、具体的に紹介しましょう。

日本になかったヨーロッパのヒット商品を輸入して大成功［スポーツ用品］

日本でまだまだなじみが薄いかもしれませんが、長さ25㎝ほどの筒状のカップ同士でボールを投げて受け取る、新感覚のキャッチボールとして、ドイツやフランスなどのヨーロッパ各国で親しまれているスポーツがあります。

これを2017年、日本で初めて輸入したのが、Aさんでした。

Aさんはドイツの展示会でその商品を見つけ、試しに使ってみると、シンプルなのに奥深い。出展者に聞けば、ヨーロッパでじわじわと人気を呼んでいて、動体視力や集中力、反射神経も鍛えられるとして、ヨーロッパの学校での導入が進んでいるといいます。

日本人が見たこともないスポーツですから当然、新奇性や独自性があります。すでにヨーロッパで人気なのですから、その事実をもって、信頼性を持たせることもできるでしょう。ターゲットを子どもの親とするなら、子どもの動体視力や集中力、反射神経も鍛えられるスポーツであると、社会性をアピールすることもできます。

アウトドアスポーツが好きなAさんは、自分ならこの商品を購入すると判断して、その場で日本での独占販売権を獲得しました。

そして日本の展示会に出展して、その遊び方をアピールしたところ、アマゾンや楽天市場だけでなく、カー用品の国内最大手のチェーン店が取り扱ってくれることになりました。しかも展示会を取材に来たテレビ東京の『ワールドビジネスサテライト』でも取り上げられ、一躍話題の商品となったのです。

ユニークな特許商品でオンリーワンを達成！［インソール］

先程少し触れましたが、海外で特許を持っている商品を、日本で独占販売できれば、

あなたがオンリーワンな存在になることができます。

そんな夢のような商品の独占販売権を、ドイツの展示会で見つけたのが、静岡で会社勤めをしていたCさんです。

その商品とはインソール、靴の中敷きです。特許を持っているわけですから、もちろんただのインソールではありません。なんと、自分で自宅の電子レンジでインソールを温めて、そのまま靴に入れて履くことで、インソールが足の形に合わせて変形して、自分だけのソールになるスグレモノです。

似たようなカスタムインソールはあるのですが、シューズ店などに頼むと、完成までに1~2週間もかかるうえ、店舗に2回も足を運ばなければなりませんでした。ところがそのインソールは、自宅のレンジで3分ほど温めるだけで、その人の足にぴったりフィットするものができるのです。

このような商品は世界にこれだけ。まさに独自性があるわけです。

ランニングやウオーキングを楽しむ人はもちろん、膝や腰の負担を軽減したい人にも売れるのではないか。そう考えたCさんが、日本の展示会に出展したところ、**1枚6980円にもかかわらず、販売させて欲しいと名乗り出る問屋や小売店が続々と現れました。**彼らにとっても、日本でオンリーワンの特許商品を扱えばメリットがあるからです。

結局、このインソールには誰もが知る、一部上場企業を含む500社を超える引き合いがあり、期間中の受注だけで1500万円近い売上を叩き出しました。

粗利率は約80%です。1500万円の売上で、粗利は約1200万円になる計算となります。

そしてCさんは展示会の翌月、会社を退職して株式会社を設立。代表取締役社長となっています。

モノだけでなく海外の文化も商品になる[砂時計]

会社員を辞め、退路を断ったうえで、輸入ビジネスの世界に飛び込んできたDさんが、ドイツの展示会で見つけたのは、イギリス製の砂時計でした。

Dさんの砂時計は、砂が上から下に落ちるといった普通のタイプではなく、下からゆったりと黒い液体が3分をかけて昇っていくものでした。

これを国内の展示会に出展したところ、誰もがその名を知る、大都市を中心に雑貨店をチェーン展開する企業の目にとまり、その系列店で砂時計が販売されることになりました。

このケースでは、砂時計なのに下から上に液体が昇っていくといった新奇性だけで、Dさんの砂時計が大手雑貨チェーンで販売してもらえるようになったわけではありませんでした。

Dさんは砂時計だけではなく、イギリスの紅茶文化という物語性を一緒に売ったのです。

本場イギリスでは、おいしい紅茶を淹れるうえで、茶葉を蒸らす時間に細心の注意を払うといいます。そこで紅茶好きが愛用するのが砂時計です。電子タイマーでもいいのですが、紅茶ができ上がるまでの時間も楽しみたい人には、砂が流れる様子を楽しめる砂時計が人気なのです。確かに優雅なティータイムに、「ピピピピッ」と電子音が鳴るなんて野暮ですよね。

Dさんが見つけた砂時計は、下から上に液体がたゆたうように昇っていく、あたかも茶葉からおいしい紅茶が立ち昇るような情景ですから、まさしく紅茶の蒸らし時間を計るのにぴったりでした。

そこでDさんは「本場イギリスでは、紅茶の蒸らし時間も楽しむ」ことを同時にアピールすることで、ただのユニークな砂時計に「文化」という付加価値を付けることに成功。そこが気に入ってもらえて、大手雑貨チェーンでの取り扱いが決まったのです。

あなたも、ただ単に商品の良し悪しだけで判断するのではなく、その商品にまつわる物語性、つまりストーリーやヒストリーも一緒に売ることのできる商品を、探してみてください。

大使館に商品を紹介してもらおう［オリーブ］

例外的ではありますが、海外の展示会以外のところで、商品と出会えることもあります。

個人事業主だったEさんは、ある商品を日本の展示会に出展したところ、大手商社を介した取り扱いが決まりました。その商品を紹介してくれたのは、大使館だったのです。

Eさんは、海外の食品、それもオリーブオイルを扱いたいと考えて、さまざまなところに問い合わせていました。**するとギリシャ大使館から「ぜひ、我が国のオリーブを日本で広めてほしい」と声がかかったのです。**

ギリシャに渡ったEさんは、現地で食べたオリーブのおいしさに感激して、とあるオリーブ農家が作るオリーブ関連商品を日本で独占販売することになりました。中でも、種まで食べられるオリーブのオイル漬けは、世界中、他のどこにもないオリジナル商品です。

Eさんはギリシャ大使館から、ギリシャのオリーブ生産量がスペイン、イタリアに次いで世界第3位ではあるものの、オリーブオイルの中でもエキストラバージンオイルの占める割合が最も高く、品質はヨーロッパでナンバーワンであること、ギリシャからイタリアに輸出され、そこでボトリングして原産国イタリアとして世界で売られているものも少なくないといった、日本人の知らない貴重な情報を聞くことができました。**種まで食べられる、世界でただ一つの珍しいオリーブのオイル漬けがあることを教えてくれたのもギリシャ大使館でした。**

そして種まで食べられるオリーブのオイル漬けを目玉商品として、ギリシャのオリーブがいかに優れているかを日本の展示会でアピールしたところ、大手商社のバイヤーの目に留まったのです。つまり、**大手商社でさえ知らなかった情報を、Eさんは大使館経由で入手できたのです。**

もし、あなたに大好きな国があるなら、Eさんのように大使館を味方につけることも可能です。大使館の商務部員は、その国の商品のセールスパーソンですから、きっと歓迎してくれるでしょう。ちなみに大使館員はほとんどが日本人ですから、言葉の壁などを心配する必要はありません。

特に狙い目は、クロアチアやエストニアといった、まだ日本人になじみの薄い東欧や北欧などの国です。そうした国は、日本人に自国の商品をアピールする機会を常にうかがっています。ですから、ホームページなどをのぞいて気になる商品を見つけたら、電話でもメールでも構いませんので、積極的に声をかけて、あなたの輸入ビジネスのパートナーとなってもらいましょう。

一つの商品だけでなく、メーカーごとに独占販売契約を結ぶのがキモ［バッグ］

ここまで商品ごとの事例を紹介してきました。そのため、独占販売権は一つの商品ごとに交渉し契約を結ぶように思われた方も、いるかもしれません。ですが、**基本的に商品ごとに交渉するのではなく、そのメーカーのすべての商品を独占的に輸入・販売する権利を獲得できるよう交渉します。**

もちろん、一部日本の輸入業者が独占販売権をすでに取得している商品があるなど、メーカーの商品すべてに対しての独占販売契約を獲得するのが難しい場合もあります。それでも自分が「これだ！」と思ったその商品に自信があるなら、商品単体で独占販売契約を結ぶ選択肢もあります。

ですが基本は商品ではなく、その会社と独占販売契約を結びます。紅茶用の砂時計を輸入したDさんも、砂時計単体ではなく、そのメーカーが作る、紅茶グッズのすべてを独占的に輸入・販売する権利を取得していました。

このように**メーカーごと、あるいはブランドごとに独占販売契約を結んでおけば、あなたの気に入った目玉商品が売れなくても、他の商品が予想を裏切って売れることだってあるのです。**

夫婦で整体師をしていたFさんのケースが、よい例です。Fさん夫婦は、イギリスのバッグメーカーのトートバッグが気に入って、そのメーカーの商品すべてを独占的に販売する契約を結びました。

しかし「きっと売れるだろう」と考えていたトートバッグは日本の展示会に出しても、ほとんど売れませんでした。

ところがある日、イギリスのエリザベス女王の写真が世界に配信されたときのことです。**エリザベス女王が、あるハンドバッグを持っていることに、Fさん夫婦は気付きました。そのハンドバッグこそ、Fさん夫妻が独占販売契約を結んだメーカーのものだったのです。**

驚いたFさんは、その後の展示会で「エリザベス女王ご愛用のバッグ」であることをアピールする作戦をとりました。その結果、当初「売れる！」と思っていたトートバッグは売れませんでしたが、ついでに契約したようなハンドバッグが飛ぶように売れたのです。もうおわかりでしょうが、「エリザベス女王がご愛用」とうたうだけで、その商品に信頼性が生まれるのです。

このように、何が売れるかは展示会に出展してみないとわからない部分もあります。だからこそメーカーごとの独占販売権を獲得しておいたほうがよいのです。

過去から商品を持ってくれば、こんなに儲かる

原価が半分になれば、営業利益は何倍になる？

輸入ビジネスの大きな魅力の一つ。それが、**同等な製品でも海外から輸入することによって原価が大幅にカットできる可能性がある、ということです。**

過去から商品を持ってくる、つまり発展途上国から、商品を輸入した場合の事例についても紹介しておきましょう。

ジュエリー関連の商品を扱っている女性社長、Gさんのケースです。

Gさんの輸入ビジネス会社は売上高が1億円。中国・広州から仕入れている商品の原価は6000万円です。つまり、粗利率は40％、粗利にして4000万円になります。

とはいえ、その商品を売るための人件費や広告費といった販売管理費が3700

表1

売上高	1億円
原価	6000万円
粗利	4000万円
一般販売管理費	3700万円
営業利益	**＋300万円**

万円かかるため、**営業利益は300万円しかありません（表1）。**

多くの中小零細企業が赤字となっている今、300万円の利益といえども、黒字経営なのですから、まずまずといったところですが、G社長は「1億円も売り上げて、営業利益が300万円では、ほとんど手元にお金が残らない」といつもこぼしていました。確かに粗利が40％程度では、手元にお金が残らないのも仕方ないでしょう。

そこでG社長は、さらに営業に力を入れて、売上を10％伸ばして1・1億円にしました。しかし当然原価も10％アップして6600万円になります。売上を伸ばす施策をすれば販売管理費も増えますので4000万円となりました。その結果、営業利益がどうなったと思いますか？　**結果は4**

表２

売上高	1億円	**1.1億円**
原価	6000万円	6600万円
粗利	4000万円	4400万円
一般販売管理費	3700万円	4000万円
営業利益	＋300万円	**＋400万円**

00万円。売上を1割伸ばしても、営業利益は100万円しか増えなかったのです（表２）。

この話を私はG社長から直接聞いたのですが、腑に落ちませんでした。中国・広州で仕入れているのですから、すなわち過去から商品を持ってきているわけです。それなのに粗利率が40％しかないのは、どう考えてもおかしなことです。私の経験則に照らしても、そんなことはあり得ないことでした。

そこでG社長にどの展示会で知り合ったメーカーから仕入れているのか、直接聞いてみました。すると「展示会ではなくて、広州の問屋から仕入れているのです」と答えるではありませんか。

嫌な予感が胸をよぎりました。問屋制度があるのは日本だけ、中国に問屋など存在しないからです。おかしいなと思いながら、「なんていう名前の問屋なの？」と尋ねてみると、G社長が、その名前を教えてくれました。案の定です。そこは問屋などではありません。

そこでG社長に私はこう告げたのです。

「あそこは、問屋などではなく、小売店ですよ」

誰から間違った情報を得ていたのか、あろうことかG社長は、小売店から仕入れをしていたのです。それではいくら過去から商品を持ってこようと、粗利率が低くなるはずです。

そこで私が彼女を香港の展示会に連れて行ったところ、「やはり」と思いました。香港の展示会では、それまで小売店から仕入れていたものが、半額で売られていたのです。

結局、G社長は小売店との契約を解除して、展示会で契約したメーカーから直接、仕入れるようになりました。その結果、仕入れ原価が半額になったのです。

さて、ここで文字を追うのをしばし止めて、あなたも考えてみてください。原価が半額になると、営業利益は何倍になると思いますか？

この質問をセミナーでするると、多くの受講生の方が「2倍」と答えます。原価が2分の1になったのだから、利益は2倍になるのではないか。極めて素直な反応といえ

表3

売上高	1億円	1.1億円	1億円
原価	6000万円	6600万円	**3000万円**
粗利	4000万円	4400万円	7000万円
一般販売管理費	3700万円	4000万円	3700万円
営業利益	＋300万円	＋400万円	**＋3300万円**

るでしょう。

しかし、実際のところ、営業利益は表3のようになりました。

いかがでしょう。**原価が６０００万円から３０００万円と半分になった場合、営業利益は３００万円だったものが、３３００万円になる。つまり、実に11倍にも膨れあがるのです。**

この数字をセミナーで発表すると、毎回、どよめきが起こります。営業利益が10倍以上になることなど、通常あり得ないことだからです。

G社長は、過去から商品を持ってくることで、それを現実のものとしました。昔の人はよくわかっていたようで、まさに「利は元にあり」なのです。

もし、あなたがすでに事業を行っているのであれば、今仕入れているものを、過去から持ってくることはできないかを、発展途上国を対象に検討してみる価値は十二分にあるでしょう。

《《《《第4章●まとめ》》》》

●輸入ビジネスで扱う商品は好きなジャンルから選ぼう。
●商品はC・L・V（コンパクト・ライト・バリュー）がおすすめ。
●未来から持ってくれば、オンリーワンだったり、トップランナーだったり、差別的優位性のある商品を輸入できる。
●過去から持ってくると、原価を大幅に抑えることで、利益率を高めることができる。

COLUMN

私の輸入ビジネス失敗談

今でこそ、多くの人に輸入ビジネスのノウハウをお教えしている私ですが、輸入ビジネスを始めた最初の頃は失敗の連続でした。「これはいい！」と思って、輸入しても、まったく売れないことの繰り返しだったのです。

そうした在庫は倉庫の奥にしまってきたのですが、2009年、輸入ビジネスの実務から離れてアドバイザーに専念する際、倉庫をすべて片付けていたときのことです。倉庫の奥から、数箱の段ボールが出てきました。

中にはアルミ製の金属枠と、アルコールランプのセット。それは約30年前、輸入ビジネスを始めた当初に日本に持ってきた「ブランデーウォーマー」でした。

中世のフランスでは、寒い部屋の中でブランデーを飲む際に、人肌ほどに温めて飲んでいました。その頃に使われていたもので、現代ではほとんど使われていないのですが、フランスでは当時、香りを楽しむためのアロマテラピーの小道具として、ブランデーウォーマーが見直されていたのです。

しかし、当時の日本は、ブランデーなど誰も飲んでいなかった時代です。ましてや香りを楽しむアロマの文化など、まだ日本人の誰も知りません。輸入するものが、日本人の国民性や、時代に合ったものかどうか、見極めずに飛びつくと失敗するといった典型的な例です。

結構な仕入れ金額を支払ったにもかかわらず、結局、これが売れることはほとんどありませんでした。だからこそ倉庫の奥に眠っていたのです。もしかすると今なら、アロマテラピーの道具として高値で売れていたかもしれませんね……。

これを処分するため、二束三文でも構わないので、業者を呼んで買い取ってもらおうとしたときのこと。提示された金額があまりに安いので、思わず私は業者の方に向かって「いくらなんでも安すぎるでしょう！」と文句を言ってしまいました。

すると業者の方は、ぽかんとした顔をしています。

「どうしました？」と尋ねたところ、返ってきたのは「そうですか、安すぎますか……。こちらとしては、もっと高い値段を、請求しても構わないのですが」と言うではないですか。

そう、業者の方が言った値段は、誰も引き取り手のないガラクタを処分するために、こちらが支払う手数料で、買取り料ではなかったのです。とんだ恥をかきました。

ただし、こうした失敗があったからこそ、今があると現在では考えています。成功から学ぶことは少ないのですが、失敗からは多くを学べます。

現在はアドバイザーという立場から、新たに輸入ビジネスに参入する人が、私と同じような愚を繰り返すことがないよう、実際に私が経験した、こうした失敗談も笑われるのを覚悟で、お伝えするようにしているのです。

第5章

BtoB輸入ビジネスのステップ

ここからは、BtoB輸入ビジネスの実践編です。

具体的な方法をお伝えすることで、BtoB輸入ビジネスがいかに誰にでも構築可能な仕組みなのか、そして、それがどれだけワクワクするものなのかが伝わると思います。

ぜひ、自分が海外に行った気持ちで読んでみてください！

実践編・あなたが行う七つのステップ

難しいステップは一つもない

さあ、ここからはいよいよ実践編です。

これから紹介するステップを実行することで、あなたも自ら価格を決めて儲ける、インポートプレナーの仲間入りです。

前述したとおり、面倒な手続きはアウトソーシングしてください。どうやって売ればよいかも心配しなくて大丈夫。このあと、最強のセールス空間である、国内の展示会への出展方法も詳しく説明します。

どうか実際にその現場に行ったときのことを想像しながら、ワクワクする気持ちで読んでみてください。

これから輸入ビジネスの世界に飛び込む、あなたにやっていただくのは、次の七つのステップです。

①輸入ビジネスに取り組む準備をする
②海外の展示会で商品を探す
③独占販売権を獲得する
④サンプルをオーダーする
⑤差別的優位性の伝え方を考える
⑥国内の展示会で商品を売る
⑦本格的に輸入ビジネスに取り組む

どのステップも難しいものではありません。

大切なのは実際に行動すること。輸入ビジネスは「科学」であり「方程式」です。

特別な才能がなくても、一つ一つのステップをクリアしていけば、必ず成功が待っています！

① 輸入ビジネスに取り組む準備をする

まずは名刺を用意しよう

輸入ビジネスを始めるために、まず用意しておきたいのが英語の名刺です。**あなたが新規事業として輸入ビジネスを始めるのであれば、現在の名刺に、輸入担当者であることを示す「Importer」の肩書きを加えておくとよいでしょう。**

個人で始めるならば、「○○ trade（トレード）」などの屋号を入れてください。それだけで信頼度が増します。

名刺には、住所とメールアドレスを必ず入れます。メールアドレスはフリーメールではなく、屋号の名前とリンクしたものを作ることができればベストです。

電話番号は、常に電話に出られる人は入れてください。あまり電話に出られない人は入れないほうが無難です。連絡してもいつもつながらない状態では、逆に信用を失うことになります。英語に不慣れで、いきなり英語で電話をかけてこられたら困ってしまう人も、割愛して構いません。

名刺を作れば、あなたはもう、立派な一人のインポーターです。会社の規模も、個人であるか法人であるかといったことは、関係ありません。日本の展示会に行っても海外の展示会に行っても、立派な輸入業者として扱われます。

実際に名刺を作れば、やる気も湧いてきます。同時にインポーターとしての心構えや覚悟もできてきます。ですから、できれば気持ちが高まる素敵な名刺を作ってください。

海外に出かける前に日本の展示会を歩いておく

私がおすすめしているのは、海外の展示会に行く前に、日本国内で開かれている展示会を見ておくことです。

これは別に商品を探すためではありません。**国内の展示会を見ておいた方がいいのは、雰囲気がつかめるからです。**いきなり異国の展示会に行ったものだから、雰囲気に圧倒されて、商品をちゃんと選べなかった人もいます。まずは日本の展示会で、雰囲気に慣れておくことも重要なのです。

できれば東京ビッグサイトや幕張メッセなどで開催される大規模な国際展示会に足を運んでみてください。２０００〜３０００社がブースを構えて、新商品をアピールしています。

そこで「日本初上陸！」などと商品をアピールしているのは、先輩インポーターかもしれません。

おすすめは毎年2月と9月に、東京ビッグサイトで開かれている日本最大の国際展示会「東京インターナショナル・ギフト・ショー」です。約３５００社が、40を超えるジャンルで出展していて、衣食住遊、すべての商材が勢揃いしています。

やがてあなたも、この舞台で輸入した商品を多くの人に見てもらうことになるかもしれません。見ておいて損はないはずです。

展示会には、名刺さえあれば、誰でも入場できます。輸入ビジネス用の名刺でなくても大丈夫。入場料を取られることもありません。基本的にオールカマーです。あなたは見て歩くだけで、なにも商談をするわけではありませんから、スーツやネクタイも必要ありません。会場が広くて、脚が疲れるのでスニーカーで行ったほうがよいくらいです。遊びに行くつもりで、気軽に訪れてみてください。

どんな新商品が今、世に送り出されているのか、あなたがどんな商品にときめくのか、どんな商品の前に多くの人が立ち寄っているのか……。国内の展示会を歩くだけでわかりますよ。

事前に日本のショップを回っておく

事前に、輸入品が多く並ぶ国内の店舗で、どんな商品が売られているのか見ておくこともおすすめです。

たとえば、東急ハンズやロフトなどを回ってみてください。**あなたが興味のあるジャンルだけでも定期的にチェックしておけば、現在、日本では、そのジャンルでどういうものが売れているのか、どういうものが輸入されているのかを知ることができます。**価格的にもおおよその相場がつかめます。

たとえば、東急ハンズが大好きだったHさんなどは、東急ハンズに何度も足を運んでどんな商品が並んでいるのかをチェックしてから、海外の展示会に出かけました。そして、「この商品は、ハンズになかったな」と感じた商品の独占販売権を獲得しました。

そして帰国後、Hさんが展示会に、その商品を出展したところ、東急ハンズの担当者がブースにやってきたのです。そこでHさんが「私はハンズが好きで、よく行きますが、こういう商品は置いてないですよね」と話しかけたところ、バイヤーも、Hさんが自分の店のことをよく知ってくれていると好感を持ったのでしょう。なんと、その場で商談が成立したのです。

日本でどんなものが売られているかを見ておけば、海外での商品発掘に役立つだけでなく、その商品を日本に売り込むときに役立つのです。

海外の展示会を探して、行き先を決める

では、いよいよ本格的に海外の展示会に出かける準備です。まずはどのような展示会がどこで開かれているのかチェックしましょう。

展示会を探す手段としてはジェトロ（日本貿易振興機構）のサイトがおすすめです。その中にある「世界の見本市・展示会情報（J-messe）」というデータベースに、海外の展示会が地域別・業種別に網羅されています。日本語で検索できるので、ぜひのぞいてみてください。

未来から商品を持ってきたいなら欧米の展示会、過去から商品を持ってきたいなら

アジアや東欧の展示会を調べます。あまりに小規模な展示会は、商品数も少ないので避けたほうがよいでしょう。

私のおすすめは、世界最大の消費財の見本市といわれる、ドイツ・フランクフルトで開催される「アンビエンテ」です。

毎年2月に5日間をかけて開かれる展示会ですが、5日間をかけても回りきれないほどの広大な会場に世界中の消費財が集まります。ここなら、気に入った商品とまったく出会えないといったことはないでしょう。

ただし、こうした著名な展示会には、あなたのライバルも訪れます。ですから慣れてきたら、あえてスペインやポルトガルといったローカル色の強い国の展示会に行くこともおすすめです。出展者の多くは自国内向けの商品を作るメーカーですが、掘り出し物も少なくありません。**日本から訪れるライバルが少ないため、独占販売権も獲得しやすいのです。**

商品を過去から持ってきたい人におすすめなのは、中国の「広州交易会」です。中国で最も歴史があり、大規模な展示会ですので、きっとあなたのお眼鏡にかなう仕入れ値の安い商品が見つかるはずです。

旅行会社も、広州交易会に行く人のために、さまざまなパッケージツアーを組んでいます。そうしたツアーを利用すれば、格安のパック料金で、誰でも安心して訪れることができます。

②海外の展示会で商品を探す

海外の展示会の歩き方

さあ、あなたはいよいよ海外の展示会にやってきました。昨夜のディナーはおいしかったでしょうか。そしてホテルではゆっくりと休むことができたでしょうか。

展示会にやってきたあなたは、広大な会場に、大勢の人が押し寄せているのを見て、一抹の不安を感じながらも、きっとワクワクとした気持ちになっていることでしょう。

なぜなら、**この会場のどこかに、あなたとの運命の出会いを待っている商品があるの**

ですから。

一刻も早く会場を見て回りたい気持ちは、わかります。しかしやみくもに会場を歩き回っても、効率がよくありません。まずは会場のエントランスで全体図が描かれたマップをもらいましょう。

だいたいの場合、3日もあれば、最終的にすべてのブースを見て回ることはできます。しかし、マップで全体像を把握したうえで、まずは自分の興味があるブースが集まったエリアから回ったほうが効率的です。

まず初日は、興味のあるエリアをぐるりと回ってみましょう。そうして気になる商品のあるブースをチェックして、マップに印をつけてください。あくまで候補なので20軒でも30軒でも構いません。

あまりに魅力的な商品が目にとまると、いきなりそこに入って商談したくなるかもしれません。輸入ビジネスに慣れた人なら、それでも構いませんが、最初はやはり一通り会場を見てください。同じジャンルで、もっと素晴らしい商品と出会えるかもしれないからです。

そして2日目にチェックしたブースを再度見て回り、5〜6軒に絞り込みます。ここでは担当者がどんな人物かもさりげなく観察しておいてください。無愛想だったり、好感が持てない人物だったりしたら、リストから外して構いません。**ビジネスは人間対人間で行うものですから、相性が悪そうな人物とは、末永い付き合いが望めないからです。**

そこまで絞り込めたら、宿泊するホテルの部屋で、ネットを使い、実際に絞り込んだ商品についてリサーチしてみます。**この時点ですでに、日本に類似商品がたくさんあることがわかれば、リストから外してください。**

ここでのリサーチで大切なのは、**そのメーカーや商品のバックグラウンドを知ることです。**特許を持っている商品であったり、歴史や物語があったりするメーカーは要チェックです。

そして3日目、いよいよ絞り込んだメーカーのブースに行って担当者と商談してみるのです。

商談用の英語はメモをしておく

あなたが訪れるのは、フランクフルトでしょうか、ミラノでしょうか、それとも香港でしょうか？

そこがどこであろうと、**国際ビジネスの場での公用語は、英語です。**展示会が開催されているのが、中国であろうが東南アジアであろうが、ヨーロッパであろうが、どこであっても、あなたは英語で商談をすることになります。

しかし前述したように**英語が話せないと、商談ができないというわけではありません。**商談をするときに必要な最低限のフレーズだけ覚えておく。あるいはメモをしておいて、それを読めばよいのです。その最低限のフレーズを紹介しておきましょう。

Hi!（こんにちは！）

まずは明るくフレンドリーに「Hi!」と言いながら、挨拶しましょう。もちろん「Hello!」でも構いません。裏技としては「コンニチハ！」と挨拶して、日本から来たことをアピールする手もあります。

どんな挨拶でも重要なのは、笑顔をたたえて開放的な雰囲気で接して警戒されないようにすることです。

We are from Japan.（日本から来ました）

挨拶をしたら握手をして、日本から来たことを告げます。前にも書きましたが、**日本人であるだけで海外の展示会では有利です。**早めにそれを伝えましょう。相手もきっと興味を示すはずです。

ここでのコツは、一人で訪ねても「We」を使うことです。日本語でいうところの「弊社」といったニュアンスを醸し出すことができて、信用度が高まります。

We are very interested in importing your products.（御社の商品にとても興味があります）

Would you be interested in promoting your products in Japan?（日本で御社の商品を販売することに関心はありませんか？）

日本から来たことを告げて、相手が興味を持ったところで、この二つのセリフをたたみかけます。

すべてとは言いませんが、ほとんどの外国人サプライヤー（供給者）は、日本との取引を望んでいます。そんな日本のバイヤーから「あなたの商品に興味がある」「日本で販売することに関心はないか」と言われれば、日本に販路を求めている相手ならば、必ず前のめりになってくれます。もちろん、すでに日本に総輸入元を持っている場合は、そうなりませんが、それはそれで取引の可能性がないわけですから、そう告げられたら「Ok. Thank you.」と言って立ち去ればよいだけです。

いかがでしょう。ほとんど英語力のない人でも、これくらいは渡航前に覚えられるのではないでしょう。もし覚えられないのであれば、メモを見ながら話しても、失礼には当たりません。繰り返しますが、**あなたはあくまで相手にとって、日本から来てくれた大切なお客様なのです。**

価格を尋ねて、5倍（10倍）にしても売れるか判断する

相手が日本での販売に興味を示したら、価格を尋ねましょう。

「How much?（いくら？）」でも、構いませんが、より丁寧に聞くならこうです。

Please let us know the price.　（価格を教えてください）

価格は、あなたがその商品を輸入して、儲けることができるかどうかを判断する、とても大切な要素です。ですからまずは、日本での小売価格が、いくらくらいになるかを計算してみましょう。計算法は前にも紹介したとおり、次のようになります。

未来から持ってくる商品（欧米からの輸入品）↓提示された価格×5倍
過去から持ってくる商品（アジアからの輸入品）↓提示された価格×10倍

たとえばドイツの展示会で「この商品は10ユーロだよ」と告げられたとしましょう。1ユーロを130円とするなら、5倍して日本であなたは6500円で販売することになります。

さあ、消費者の感覚で考えてください。その商品に6500円の値札が付いていたとしたら、あなたは購入するでしょうか。

6500円でも「安い」、あるいは「妥当」だと感じられるなら、交渉を進めても大丈夫です。もし、**高すぎて日本の市場で売れそうもないと判断した場合は、メーカー側に値引きを申し入れましょう。**

そうすると、どの程度購入できるか、という話になるため、提示された個数で折り合いがつくかどうか検討しましょう。どうしても多すぎるといった場合には、輸入を諦めることも考慮に入れなくてはなりません。わざわざ海外の展示会まで行って、商品を見つけたのに諦めきれないとあなたは思うかもしれません。もちろん、自分の利益を削る方法もありますが、それでは高い粗利率を目指して、自分で価格を決めている意味がありません。時には引く勇気も必要です。

いずれにしても、**あなたが仕入れた商品が、日本でヒットするかどうかは、小売価格の設定が、妥当かどうかが大きなポイントになってきます。**その価格でお客様が満足してくれるかどうか見極めてください。

③ 独占販売権を獲得する

サプライヤーに日本への輸出実績を尋ねる

独占販売権の獲得は、絶対条件ではありません。ですが、**個人や中小零細企業の立場で輸入ビジネスを始めるのであれば、独占販売権を獲得できるメーカーや商品と契約したほうが圧倒的に有利です。**前述したように、独自性を簡単にアピールできて、高値を付けられる可能性が高くなるからです。

展示会で訪れたブースの商品が、粗利をしっかり確保できるものであることを確認したら、商談の中で、次のように切り出してみましょう。

Do you have any customers in Japan?（日本に顧客はいますか？）

この質問に対する答えは、ＹＥＳかＮＯのどちらかです。

答えがもしNOならば、このサプライヤーは、日本の顧客と取引していないわけですから、独占販売権を獲得するチャンスです。

第4章でも紹介したように、多くの人が独占販売権を手に入れて儲けています。

実は彼らは、ある魔法の言葉を言って、相手をその気にさせていたのです。その魔法の言葉とは……

「あなたの商品を来場者20万人の日本の展示会に出展します」

これはまさに魔法の言葉、これでなびかなかったサプライヤーはいません。この言葉を告げながら、スマホで実際に「東京インターナショナル・ギフト・ショー」などの熱気溢れる画像や映像を見せてもよいでしょう。

20万人もの人が集まる日本の展示会は、世界的に見ても最大級の規模です。これまで日本のマーケットに参入したくても、言葉の壁や商習慣の違いでできなかった、海外のメーカーにとっては、夢の舞台と言っても過言ではありません。

このフレーズを言えば、多くの海外メーカーが首を縦に振ります。これは私自身が何度もこの目で見てきたことなのです。

彼らが日本に輸出先を持っていないなら、こんな魅力的なオファーはありません。そもそも、あなたに任せて売れようと売れまいと、あなたが代金を支払う限り、彼らには何のリスクもないのです。

独占販売権は、あなたの権利を守るためにも必要です。**仮にあなたが、その商品を日本に広めても、独占販売権を持たない場合、同じものを低価格で売ろうとするライバルや、あろうことかメーカー自体が出てくることもあるのです。**類似品やコピー商品が出てきても対処できません。ですから、熱意を持って口説き落としてください。

もちろん中には、渋る相手もいます。あなただけでなく、日本にもっと多くの販売チャネルを持ちたいと考えるようなサプライヤーがそうです。そのような相手には、次のように説明すればよいでしょう。

「日本の市場は御社が思っているほど、大きいものではありません。狭い市場では必ず、競合が起きます。そんな中で同じ商品を売るライバルが何人もいては、売り手も力が入らないものです。そうであれば御社のメリットにもなりません。そういう意味でも、独占販売権は不可欠なのです」

ここまで言えば、断られることはないでしょう。

しかし、どんなメーカーにもやみくもに持ちかけてはいけません。あなたが「これだ、これ以外ない！」と思ったメーカーに対してのみ、このフレーズを使うようにしてください。

答えがYESでも戦略はある

「日本に顧客はいますか」と尋ねて、その答えがもしYESならば、そのサプライヤーはすでに日本に顧客が存在するわけですから、独占販売権の交渉は難航することになります。

ただし、**日本の顧客が特定の商品のみの独占販売権を持っている場合で、あなたの気に入った商品がそれとは異なるものならば、商品限定で独占販売権を取得することは可能です。**そうした場合は「可能であれば、我々の選んだ商品については、独占販売で取引できないか」と持ちかけてみてください。これも先方には何のリスクもないことですから承諾してもらえる可能性は高いでしょう。

しかし、そのメーカーの商品すべてを、日本のバイヤーが一括契約している場合は、それも難しくなります。

そのようなケースでも独占販売権を獲得する方法がないわけではありません。それは、**あなたの企画やアイデアによる、新たなオリジナルブランドを立ち上げさせることです。**これについてはあなたのアイデアですから、メーカーもオリジナルブランドについては独占販売権を与えることに同意せざるを得ません。そうすれば他業者との競争を避けて、自由に価格設定できる権利も持つことができます。

日本に顧客がすでにいるメーカーと付き合うことには、メリットもあります。**彼らは日本の品質基準をわかっているので、パッケージや包装などの重要性についてあらためて説明する必要がありません。**

日本国内にいると、あまり意識することはありませんが、日本ほど品質基準に厳しい国はありません。たとえば日本人は、パッケージを含めて商品の一部と考えますが、一部のブランドをのぞいて、海外ではパッケージは捨てるものでしかありません。ですからあまり神経を使わないので、トラブルになることも稀にあります。しかし、日本と取引のあるメーカーならそうしたトラブルも避けられるのです。

ただし、こうした戦略は、あくまで上級者向けです。初めの頃は、やはりすべての商品の独占販売権を獲得できるメーカーと付き合いたいものです。

大きな展示会ならば、すでに日本と取引のあるメーカーは早めに見切りをつけて、新たなメーカーを当たるほうがよいでしょう。

展示会の現場での独占販売権の交渉が難しく感じるならば、無理して行う必要はありません。「あとでメールします」と言って、帰国してから改めて商談することもできるのです。ただし、「日本に顧客がいるかどうか」だけは確認しておくようにしてください。

あなたが独占販売権を獲得した商品がヒットしたら、その利益はすべてあなたのものです。こんなにフェアなビジネスはありません。あなたが好きなジャンルで嗅覚を発揮して、ビッグチャンスをつかむことが可能なビジネスなのですから。

独占販売権で売上保証を要求されたら

実際のところ独占販売権のメリットは計り知れません。この権利なくしてB to Bで輸入ビジネスを継続的に展開することは困難だと断言してもいいでしょう。

そもそも自分で価格設定ができなければ、輸入ビジネス特有の醍醐味や意味がなくなってしまうからです。

しかし、**独占販売権を手にしたからには、当然メーカーに対するあなたの責任は大きくなります。場合によっては、ギャランティ（売上保証）を求められることもあるでしょう。**

ギャランティとは「1年間に最低でも、これだけ売り上げる」といった約束を交わすことです。しかし、実際のところ、いくら売れるかなどは、売ってみなければわかりません。

ですからギャランティの約束を迫られたら、**「この数字を1年間のターゲットにしよう」と言ってください。**ターゲットであればギャランティと違って、売上目標を達成しなくてもペナルティはありません。

ギャランティにしてしまうと達成できない場合、ペナルティを払わなくてはならなくなります。だからといってギャランティを課せられたらどうしよう、などと不安になる必要はありません。

わざわざ日本で自分の商品を売ってくれる業者に対して、最初からシビアにギャランティを要求してくることは稀だからです。

結局のところ、人間対人間。あなたが智恵と努力を惜しまないことを示せば、共に売っていこうといった雰囲気になるものです。

誠意を持って、その商品が日本で売れるよう全力を尽くす。あなたはそれだけでよいのです。

④サンプルをオーダーする

現地での商談はサンプルを注文するところまで

独占販売権の獲得交渉まで現地で行うかどうかは、あなたが判断することですが、どんな場合も現地で必ずやっておきたいのが、サンプルを注文することです。**サンプルの注文までが現地での一つの区切りで、契約内容などの詳細は帰国してから進めて構いません。**

サンプルの注文とは、「日本でのテストマーケティングのため、まずは少量、発注させてください」と頼むことです。メモを見ながらで構いませんので、こんなふうに言ってください。

We would you to send us some samples so as to discuss with our customers about your products.（あなたの商品を拡販するために、サンプルを提示しながら顧客たちとディスカッションしたい。いくつか送ってほしい）

これを嫌がるサプライヤーはいません。特に欧米では、オーダーの前に、まずサンプルを購入することが、商習慣として定着しているからです。

彼らも展示会では、できるだけ多くのバイヤーと会いたいと考えているため、いきなり本契約を迫ってくることもありません。

むしろ、その場で契約しようとすると「契約は今じゃなくてもいいですよ。サンプルを送るので、それから考えてください」と言ってくる人もいます。

そもそも、これは相手にとって、うれしい提案です。本来なら自分たちで日本の国際展示会などで売り込むべきところを、あなたが代行してくれるわけですから。

実際にあなたは帰国後、日本で展示会に訪れてくれた人々と、ディスカッションすることになります。日本でヒットする商品にするには、実際に多くの人の声を聴いて、日本のニーズに合うように改良することも必要なのです。送ってもらうサンプルは、そのためのたたき台のようなものだと覚えておいてください。

インポーターになった限り、あなたは日本においてはメーカーです。メーカーは常にお客様の要求に応えなければなりません。ですから日本のマーケットの声を製造元に伝えて対応してもらいましょう。日本で商品を売りたいのであれば、必ず対応してくれるはずです。

サンプルは、のちに商品をオーダーしたときの品質を確認するためにも必要となります。大切に保管しておくことはもちろん、相手にデータとして送れるようデジタルカメラなどでさまざまな角度から写真を撮っておきましょう。海外から送られてくる商品の中には、サンプルに比べて、あきらかに劣化したものがあることも珍しくありません。

つまりサンプルとは、本格的にオーダーを始める前に、商品の品質をチェックするものであると同時に、マーケットの声を聴くためのツールなのです。

このサンプルのオーダーまでは、しっかりと現地の展示会でしてきてください。

リスクのある商品に注意する

気に入った商品のサンプルをオーダーしたら、帰国して届くのを待つだけです。ただ、その前に展示会で商品を選ぶ際に、注意すべき点があることも覚えておいてください。**まず医療関係の商品は、薬機法に抵触する可能性があるため、避けてください。**サプリメントや健康食品はもちろん、ダイエット用品やマッサージ器具などの医療器具もこれに含まれます。同じく、美白効果やシミを消す効果があるとうたう化粧品も免許がなければ輸入できません。

ですが「いい気分になる」とか「ほっと安らぐ」といった「快適グッズ」であればOKです。美容や健康は、売れ筋の重要なアイテムですから、そのあたりの線引きを考慮しながら選んでください。

高齢化が進むにつれ、介護グッズのニーズも高まってきていますが、**老眼鏡などは薬機法に抵触します。ですが、お年寄りがリラックスできたり、楽したりできる商品であれば問題ありません。**

その商品の医療的な効果のあるなしがわからないときは、厚生労働省など国の専門機関に尋ねてみてください。専門家の立場で判断してくれます。

ワシントン条約で貿易が禁止されているような動物はもちろん、その剝製や毛皮、革製品にも注意が必要です。

植物でも、植物防疫法といった法律があり、日本国内への病害虫の侵入を防ぐため、特定の植物については輸入が禁じられています。

私自身、植物防疫法で失敗したことがありました。ガフス製のボディの中にドライフラワーが入った洒落たテーブルランプを輸入したときのことです。

そのテーブルランプは、日本の展示会に初めて出展するため、サンプルをオーダーして取り寄せたものでした。ところが検疫のため、港で止められてしまい、あろうことか私は、日本の展示会デビューを商品なしで迎えてしまいました……。恥ずかしながら当時の私は、ドライフラワーまで植物防疫法に引っかかるとは思っていなかったのです。

また、近年特に注意したいのが、電波法です。

IoT化（モノのインターネット化）により、Wi-FiやBluetoothなど電波を使用する製品が増加していますね。コードレスのスピーカーや、スマート家電などがそれに相当します。このような製品の輸入を制限する法律はありませんが、国内で使用するには、国が定める検査機関で検査をし「技術基準適合証明」を得る必要があります

（費用が発生します）。

検査を受けずに使用すると法律に違反したとして罰せられます。この際に罰せられるのは、輸入者であるあなたではなく使用者になりますので、絶対に検査が必要です。

このように、輸入できないもの・注意が必要なものについては、事前に必ずチェックするようにしてください。

⑤差別的優位性の伝え方を考える

選んだ商品の魅力・価値の伝え方について考えよう

サンプルが届いたら、ただ国内での展示会の開催を待っていればいいわけではありません。その商品の差別的優位性、**つまり価値をどうやったら展示会にやってくるバ**

イヤーたちに伝えることができるか、考えるのです。

どんな商品を選んだとしても、共通して言えるのは、その商品の価値をきちんと伝えなければ、商品は売れないということです。

たとえば、ヨーロッパ発祥のスポーツ用品を展示会に出したAさんは「日本初上陸」といった価値を伝えましたが、もう一つあることを伝えていました。

それは商品を使うシチュエーションです。仲間とバーベキューするときや、海に遊びに行ったときに、これを使って遊べば盛り上がるといった遊び方も伝えました。

つまり「モノ」だけでなく、どう遊べるかといった、楽しめる「コト」も伝えたのです。「モノ」だけでなく「コト」を売る。これは大切なことです。

たとえばハワイ旅行を売るにしても、昔は「ハワイに行く」だけで満足していた人も、今では「ハワイでフラを習う」とか「サーフィンを楽しむ」といった「コト」にシフトしています。あなたの商品も機能やスペックを紹介するだけでなく、それでどんな「コト」を提供できるか、考えてアピールしてください。

個人でエステサロンを経営していた女性、Bさんはトルマリンをちりばめたボディスーツを売りました。これも、単にモノを売ったのではなく、引き締まった身体になって、お気に入りの洋服を着て笑顔になっているエステ会社の顧客の未来を売りました。

カスタマイズインソールを売っていたCさんも、単にソールを売ったのではなく、「あなただけのためにカスタマイズされたソールが自宅のレンジで、たった3分で作ることができる」コトや、「膝や腰が楽になる」コトを売ったのです。

紅茶用の砂時計を売ったDさんは、紅茶を楽しむ「コト」といった物語を売りましたし、ギリシャのオリーブを売ったEさんも、知られざるギリシャのオリーブのストーリーを売ったのです。

商品に魅力的なキャッチコピーを付けてストーリーを語る

あなたの商品にどんな価値があるかを見極め、どんな「コト」を提供できるのかを考えたら、展示会の会場でより多くの人の関心を集められるようなキャッチコピーも考えましょう。

「日本初上陸！　種まで食べられるオリーブ」とか「ヨーロッパで注目度ナンバーワン！　海やバーベキューで楽しめる新感覚スポーツ」とか「英国エリザベス女王ご愛用のブランド、日本初入荷」といったふうに、**第４章で挙げた七つの価値のどれかを強調して短い言葉にまとめてください。**

キャッチコピーに興味を持ってくれた人には、商品やメーカーのヒストリーやストーリーも伝えましょう。そのためにも、当然ですが、仕入れた商品のことをよく知っておくことが大切です。

たとえばカスタマイズできるインソールであれば「膝や腰に負担をかけたくない人のために、メーカーがオリンピックにも出場したヨーロッパの有名なマラソン選手と共同で開発したもので、さまざまな試行錯誤の結果、膝や腰への負担を10～20％も軽減させることに成功した」といった、ストーリーを語るのです。

「熟練の革職人が何十年も作り続けているバッグ」とか「有機農法にとことんこだわった農家が丹精込めて作ったオリーブ」といったことも、立派なストーリーです。

そうした**作り手のプライドや信念、美学、こだわりが感じられる点をアピールしてみてください。商品の背後にある、そのちょっとの差が、ストーリーとなって、他の商品との差別的優位性を生み出します。**そしてそのちょっとの差が、レバレッジとなって、大きな価格の差になって現れるのです。

ですから実際に商品を輸入する際も、コンセプトやストーリーを意識して、「こういう見せ方をしたい」とメーカーに伝え、どうやったら価値が最大限に伝わるか、一緒に考えてください。

こうした打ち合わせを繰り返していると、**時にはメーカーの人が、日本にわざわざやってきて、展示会で商品へのこだわりを話してくれることもあります。**実際に私のクライアントが展示会に出展したときは、フィンランドから、わざわざメーカーのオーナーが駆けつけてくれました。そうなれば、他に出展しているブースとの差別化も図れます。

⑥国内の展示会で商品を売る

国内最大級のギフトショーに出展しよう

さあ、いよいよ国内の展示会デビューの日が近づいてきました。仮に、あなたが東京ビッグサイトで、年2回開催される「東京インターナショナル・ギフト・ショー」

に出展するものとしましょう。

2018年春の実績で、総来場者数は約35万人。それだけの数の人がやってくる大舞台であなたの商品を見てもらうわけです。

申し込みは簡単でインターネットで申し込みできます。東京インターナショナル・ギフト・ショーは基本的に法人でないと申し込めませんが、個人事業主でも推薦状があれば大丈夫。推薦者がいない人も、個人で出展可能な展示会が、他にもたくさんありますから安心してください。

東京インターナショナル・ギフト・ショーの出展料は、国内の展示会では比較的高いほうで、税込みで42万1200円です。あなたは、この値段が高いと思われるでしょうか。**しかし出展すれば少なくとも数十社、商品や見せ方によっては数百社の法人客がやってくるのです。**

カスタマイズできるインソールを売ったCさんのもとには、3日間で500社以上のお客様がブースを訪れ、期間中の受注だけで1500万円に達したことは、すでに紹介しました。

Cさんほど、うまくはいかないかもしれません。たとえば3日間で50社しか訪れてくれなかったとしましょう。しかし現実には50の会社とコネクションを作るのは大変なことです。3日間、朝から晩まで電話をかけても数社が興味を示してくれればよいほうです。

しかし展示会ならば、ブースで待っているだけで、商品に興味を持った人が向こうから来てくれるのです。これほど楽なことはありません。

開催期間中の受注が思ったほどでなくても、あとから連絡が来て受注につながることもよくあります。

あなたやあなたの会社がどれほど無名でも、ギフトショーに出展した事実だけでも大変なブランディング効果になります。

ちなみに海外に比べれば、日本国内の展示会への出展料はきわめて安価です。

長年の経験から自信を持って言えることですが、**国内展示会への出展ほど、確実に成果に結びつく、コストパフォーマンスのよい方法はないのです。**

オリジナルのブース作りは業者に任せよう

国内の展示会では、会によって差はありますが、だいたい3m×3mのブーススペースが与えられます。基本的なフレームや装飾は、主催者から提案されることも多いのですが、費用が許すのであればオリジナルのブースを作ることをおすすめします。東京インターナショナル・ギフト・ショーなどの大きな展示会では3000社以上が出展します。その中で埋もれてしまわないよう、あなたの商品が最大限目立つような作り込みをする必要があります。

できればブース施工業者に任せてオリジナルのブースを作ってもらいましょう。30～35万円程度の費用がかかりますが、これも法人のお客様からの注文が一つでも入れば十分にペイできる額です。

業者に伝えるブースのイメージは、あなたが海外の展示会で見た、そのメーカーのブースを参考にしてください。カメラで撮った写真などを見せれば伝わります。もちろん、海外の展示会をそっくりそのまままねても芸がありませんので、そのうえで日本向けにアレンジするのです。

ブースには、そのメーカーの商品を多品種にわたって、シリーズ展開しながら並べると効果的です。仮にあなたが、メーカー全体の独占販売権を獲得しておらず、一つのシリーズの商品だけの権利しか持っていないとしても、他の売れ筋や代表的な商品のラインナップを並べてください。そのほうがメーカーの特色がお客様にはっきりと伝わるからです。

国内展示会での商談のコツ

ブースには、商品やメーカーの特徴を表したキャッチコピーを掲げてください。そして、それに興味を持ってやってきたお客様に、ストーリーやヒストリーを伝えるのです。

また商談では、ポジティブな表現を心がけてください。たとえば、バイヤーが来て商品のサンプルに興味を持ち、「これはいつ納品してくれるのですか？」と聞かれたとしましょう。こんなときも「すみません、入るのは2カ月後です」と頭を下げるのと「2カ月後の4月1日より全国一斉に発売します。現在はそのための戦略的ビジネスパートナーを限定的に募集しています」と笑顔で答えるのでは、相手に与えるイメージも変わってきます。

ブースを訪れてきた相手が、真の見込み客かどうかを判断する方法も、ご紹介しておきましょう。次のような提案をするのです。

「**展示会の期間中にご注文いただけると、総額の10%お引きします**」

「**今ですと、送料無料でサンプル発注を承ります**」

このように一気に注文を取るところまで話を進めてください。本当にあなたの商品が気に入ったお客様なら、真剣に考えてくれるでしょう。

日本の企業で、よくあるのが「商品には興味があるのですが、上司と相談しないと決められない」と態度を保留しようとするケースです。こう言われたときは「それでは会う日を決めましょう。上司の方に同席していただいてお話しできる日はいつでしょうか」と単刀直入に告げてください。「帰ってから部長に聞いてみます」と言われても、「いやいや、今、部長さんに電話して、聞いてもらってもよいですか」と詰めればよいでしょう。私はいつもこのやり方で、アポイントをとっています。

鉄は熱いうちに打て。相手があなたの商品にホットになっているうちに注文、あるいはアポイントをとってしまうことが大切です。

展示会に出展していて、おもしろいのは、こちらが想定した顧客ではない分野の企業が関心を示してくれることがあることです。あなたが予想もしていなかったジャンルの企業から、思わぬオファーがあるのも、展示会の醍醐味といえるでしょう。

私の例でいえば、室内インテリアを展示会に出展したら、産婦人科医や映画の大道具の会社、施設の売店などと、まったく想定していなかった方に発注してもらったことがありました。

あなたも、顧客層をある程度、想定していることでしょう。その場合、こちらから営業を仕掛けるとしたら、あなたが想定する範囲にとどまってしまいます。しかし、**展示会に出展すれば、あなたの想定外の層にも、販路が広がるのです。このようなうれしい誤算があるのも、展示会ならではです。**

展示会でお客さんの意見を聞いて改良する

通常、国内メーカーの商品は、すでにでき上がったものを販売します。ですから極端な話、商品が良かろうが悪かろうが、それをあるがままに売らなければなりません。しかし、輸入品は、海外のメーカーが在庫を持っているわけではありません。こちらがオーダーして、お金を払った時点で製造に入るのです。つまり受注生産になるわけです。ですから、**展示会でお客様から、改良点などのアドバイスを受ければ、相手の要望に沿って作り変えることができるのです。**

ですから、売り込むのではない、こんな感じの営業も可能になります。

私「こんな商品を探してきました。猫の置物です。もちろんこれで完璧な形だとは考えていません。どうしたら日本で売れる商品になるでしょう?」

バイヤー「そうね、全体的にはいい感じなんだけど、その顔があんまりかわいくないわね」

私「ありがとうございます。ではどのように変えるといいと思いますか」

バイヤー「こんなふうだといいかも。それから今は、単なる飾り物は売りづらいのよ。何か実用的な機能も欲しいわね」

私「ありがとうございます。具体的には、どんな機能がいいですかね」

バイヤー「そうね、こんな、メモを挟めるっていうのはどう？」

私「いいですね。そのようにメーカーに改良してもらいます。そうなった場合、何個ぐらい必要ですか」

バイヤー「そうね、1000個くらいかな」

私「ありがとうございます。早速そのように手配します」

いかがでしょうか。これは私の実体験です。**バイヤーとしては、一緒に商品の製作に関わることによって、商品に対する責任と愛着が湧くのです。**輸入ビジネスなら、このようなセールストークも可能になります。

こうして集めた声を参考に、あなたなりに日本のマーケットで、より受け入れられやすくなるような改良点をまとめて、海外のメーカーにフィードバックします。

作られた商品を売るのではなく、あくまで売れる商品を、あなたが海外のメーカーと一緒に作るものであることを忘れないでください。

展示会への出展はローリスク

このように営業・宣伝・商談・顧客のニーズの確認など、すべてを一度に効率よくまとめてできるのが、展示会の最大のメリットです。

あなたは出展料を払って、そこで待っているだけ。集客で苦労したり、必死でアポイントをとって営業したりすることもありません。これまで頭を下げていた相手が、「売ってほしい」と自分に頭を下げてくる。飛び込み営業をしていたときと比べれば天と地ほどの差です。

これは後々の話になるかもしれませんが、展示会に参加し続けると、定期的に営業に行かなくて良いといったメリットも生まれます。

年に数回、展示会に出展するようにして、そのたびに「ぜひ会場に見に来てください」とダイレクトメールなどで顧客に伝えましょう。本当のお得意様は別としても、

あなたは見込み客の100社に出向く必要がなくなります。

それどころか逆に100社が、あなたの商品を見るために、足を運んでくれるのです。肉体的にも精神的にも楽で、実はローコストな手法であるということがわかるのではないでしょうか。展示会は時間の節約になるだけでなく、結果的にお金の節約にもなるのです。

とはいえ万一、注文が取れなかったらどうしよう。そうあなたは思うかもしれません。しかし、それはそれで意味があることなのです。

なぜなら**日本市場には向かない魅力がない商品であることが、サンプルの時点で見極めることができるわけですから。**

展示会で誰も注文してくれないのは、その商品に日本市場での需要がないことを意味します。見込み客もないのに、いきなり大量注文して不良在庫になってしまったら、それこそ莫大な損失になってしまいます。展示会でサンプルを見せて注文を取り、そこで初めてメーカーにオーダーする。このやり方は、**大胆に見えて、実は最も現実的でローリスクな方法であることがご理解いただけるでしょうか。**

とはいえ、現実にはそこまで心配しなくても大丈夫。あなたが海外の展示会で、素晴らしい商品を発見して、その価値をしっかり伝えることができるならば、きっと注文が舞い込みます。

⑦本格的に輸入ビジネスに取り組む

海外のメーカーと契約する

日本の展示会に出展して、お客様からの注文が入った段階で、メーカーと正式に契約を交わします。

契約のその前に、契約に対する西洋人と東洋人の概念が違うことをまずは認識しておきましょう。日本では空気を読むとか流れを見るとか紙に書かれた言葉以外のものを重視する文化がある一方、西洋文化は契約文化です。欧米人とのビジネスの契約書は絶対であると言えます。

本来、この契約書は輸入するあなたが作っても、もしくはメーカーが作成してもよいことになっています。おそらくあなたがサンプルを買ったメーカーは、契約書を送ってくるでしょう。しかし、相手が送ってきた英語の契約書をよく読みもせず、サインしてはいけません。メーカーが作った契約書は、メーカーの都合で書かれていることが多いからです。

契約書作成の代行業者もいますから、アウトソーシングしてもよいので、契約書は、あなたサイドで作成してください。

ポイントは次の三つです。

・価格に関する調整の禁止
・船積み期間の厳守
・契約不履行の場合の輸出者責任

つまり**「価格を変えてはならない」「納期は守る」「サンプルと品質が違ったら、責任を持って対処する」**ことを約束させるのです。

当然のように、これらはメーカー側の作った契約書には含まれていません。それどころかメーカーの契約書には、「納期の遅れがあった場合でも免責になる」「材料が値上がりしたら価格は変えられる」などといったことが堂々と書いてあることもあります。こうした項目があったら絶対にサインしてはいけません。

「価格に関する調整の禁止」「船積み期間の厳守」「契約不履行の場合の輸出者責任」の3点を加えた契約書を作って送りましょう。代行業者に依頼するにしても、この3点は必ず加えるようお願いするのです。

我々日本人は、我々が考える以上に几帳面で真面目で勤勉な国民です。ですからこの国で過ごしていると、すべての約束は守られて当然と思いがちです。しかし、海外**のメーカー、特に発展途上国のメーカーは、納期を守らないものと、心しておく必要があります。**その上で事前にどういう対策を立てておくかが大切なのです。

納期の遅れとともに、よくあるトラブルがサンプルと品質が異なることです。そうしたトラブルを避けるためにも、必ずサンプルを入手して、写真を撮っておくこと。そして品質条件に「提出されたサンプルどおり」と明記しておくことが大切です。そうすれば、いざ不良品が来たときに、比較した写真を添付してメールすれば、契約書に書いてある場合、こちらの言い分が通ります。

結局のところ、契約書を交わすのは、納期を守ってもらうため、サンプルどおりの

商品を送ってもらうためなのです。この二つが守られていれば、他にはたいして大きな問題はありません。

契約書を作るなんて、やっぱり面倒だ。そんな感想を持つ人は多いかもしれません。そうした人は代行業者に頼んでください。

ただ実は、あなたが思うほど契約書の作成は難しくありません。ぜひ最初の段階でチャレンジしておくことをおすすめします。一度作ってしまえば、あとはそれをベースに使い回すことができるからです。次のページに、契約書のサンプルを掲載しておきますので、参考にしてください。

わからないことがあったら、もちろん私のセミナーにお越しいただければ、直接をお教えすることもできます。

輸送・保険・通関はすべてプロに依頼しよう

契約を結んだらいよいよ商品を日本に輸入します。しかし、どうやって契約した商品を日本に輸入すればいいのか、初めて輸入ビジネスに参入したあなたにはまったくわからないかもしれません。

契約書のサンプル

[redacted] CO., LTD

[redacted] Japan

Phon:81-[redacted] Fax:81-[redacted]

E-mail [redacted]@[redacted].com http://www.[redacted].com

CONFIRMATION OF ORDER

Seller: [redacted] Co. LTD
[redacted].
[redacted] China

Date November 19.2004
Order No.2004-48

We, as Buyer are pleased to confirm this day our purchase from you as Seller, subject to the term and conditions on the face and on the general terms and conditions attached. If you find herein anything not in order, please let us know immediately. Otherwise, these terms and conditions shall be considered as expressly accepted by the Seller, and constitute the entire agreement between the parties hereto.

1. Article : As per the attached Order Sheet
2. Quality : As per the samples submitted
3. Quantity : As per the attached Order Sheet
4. Price : As per the attached Order Sheet
5. Total amount : US$ 11,954,4
6. Trade Terms : FOB XIAMEN
7. Payment : L/C AT sight
8. Shipment : By January 20.2005
9. Destination : Tokyo, Japan
10. Shipping Marks :

[redacted]
ORIGINAL

Accepted and Confirmed by:

(SELLER)

(BUYER)

手続きを箇条書きにしてみましょう。本来なら、次のような手続きを踏まなければなりません。

・信用状（L／C）開設依頼
・海上保険契約
・代金決済
・船積書類受領
・輸入申告
・貨物の引き取り

こうした手続きに関しては、前にも書いたように、アウトソーシングできます。そんなときに頼りになる強い味方が「フォワーダー」です。

契約を交わしたら、海外のメーカーから、インボイス（請求書）が届きますので、あなたはそれをフォワーダーに渡して、「この商品を持ってきてください」とお願いするだけです。

フォワーダーとは荷主から、貨物を預かり、他の業者の運送手段（船舶・航空・鉄道・貨物自動車）などを利用して、運送を引き受ける専門の事業者で、一般的には貨物利用運送事業者のうち、国際輸送を取り扱う専門業者を指します。

インターネット検索でフォワーダーと打ち込めば、フォワーダー業務を営む会社がずらりと出てくるはずです。彼らは小規模の輸入ビジネスにも対応してくれます。

つまりあなたは、日本のフォワーダーに、海外からの輸送手続きや保険加入の手続きなど、面倒な作業のすべてを一括して任せてしまうことができるのです。

費用についても、一旦フォワーダーが立て替え払いしてくれ、あとから一括して代金を支払う形式が主流です。保険会社や運送会社に連絡を取って、交渉して、それぞれに代金を支払うなんて面倒なことはあなたがしなくてもいいのです。いかがでしょう。少しほっとしたのではないですか？

通関についても丸投げできます。これまでは基本的に、関税などを納税する通関業者と、荷物を運ぶフォワーダーは別会社でした。しかし今は通関まですべてをフォワーダーがやってくれるケースが多いのです。さらに今は通関後の国内発送まで、すべてやってくれる業者もあります。保険についても相談に乗ってくれます。

つまりあなたは、海外からこちらに商品がやってくるまでのプロセスをすべて丸投

げできるわけです。

在庫に対する考え方

ここで輸入ビジネスにおける、在庫の考え方についてお話ししておきましょう。

日本人はすべての在庫＝デッドストック（売れ残り品）と考えがちです。

しかし在庫には、ランニングストックとデッドストックの2種類の意味があります。

デッドストックは確かによくありませんが、ランニングストックは、セールスに直結する在庫です。

継続して商品を売るためには、このランニングストックは切らしてはいけません。

最初は展示会に出展し、オーダーがあってから、海外のメーカーに発注しますが、オーダー数をそのまま発注するのではなく、余分に発注してランニングストックを確保しておきましょう。

では、どれくらい在庫を持っておけばいいのでしょうか。

輸入ビジネスは基本的に、薄利多売ではないので、在庫に関しては、それほどシビアに考える必要はありません。

たとえば、あなたが原価の5倍で売っているのであれば、仕入れた数のうち2割も売れれば、プラスマイナスゼロになる計算です。経費を差し引いても3割売れれば、残りの7割はすべて儲けとなります。

そう考えると、仮に500個オーダーを受けたとすれば、1000個くらい注文しても、リスクはほとんどありません。むしろ、それくらいの在庫があれば、新しい注文に、いつでも対応できますし、他のお客さんに売ることもできます。

欧州から輸入する場合、船便だと30日はかかるので、在庫は常に余裕を持っておくといいでしょう。

雑誌やテレビに宣伝してもらおう

あなたが輸入した商品については、販売先が広告宣伝費をかけてPRしてくれることもあります。ですが、メーカーであるあなた自身もPR活動を行いましょう。

そのために重要なのが、パブリシティです。パブリシティとはテレビや新聞雑誌などのメディアで自分の商品やサービスを紹介してもらうことです。

パブリシティは広告と違い、こちらから費用を支払う必要はありません。広告費をかけられない中小零細企業や個人でのビジネスの場合は、積極的に利用することを考えてください。

あなたがやることは、**商品を取り上げてもらいたいメディアに対して、新商品の情報を書いたプレスリリースをFAXかメールで送ることです。**

新聞・雑誌などの過去の特集をチェックして、自分が取り扱っている商品と似たような商品があったら、その媒体に送ってみましょう。

もちろん商品によって、それぞれ相性が良い媒体がありますので、必ず取り上げてもらえるとは限りませんが、パブリシティに関しては、こちらからアプローチする姿勢が大切です。

輸入ビジネスの商品と相性が良い媒体は『日経MJ』です。流通新聞ですから、必ず新商品の紹介記事を載せています。業界紙の『月間ギフト』なども狙い目です。

FAXやメールで送るプレスリリースには、「欧米で人気を呼んでいる」「日本初上陸のこういう商品を輸入販売することになった」など、マスコミが報道しやすいようなトピックを強調して書いてください。

テレビ番組で紹介してもらう

テレビ局にもプレスリリースを送りましょう。テレビ番組に取材してもらうのは難しそうと思うかもしれませんが、番組の企画内容と輸入した商品がうまくマッチすれば可能性はあります。

たとえば最近では、**日本の展示会に出展する直前に、テレビ東京の『ワールドビジネスサテライト』に「今度、こういう新しいものを出展するので、初日に取材に来てもらえませんか」とアプローチして、実際に番組制作会社のカメラクルーに来てもらうことに成功したクライアントがいます。**こういうケースは珍しいことではありません。

テレビ局に取材してもらうコツは、新奇性をアピールすることです。日本で初めての物珍しい商品などは、よく取り上げてもらえます。その商品が映像的に動きのあるものであればなおよいでしょう。

もう一つのポイントは、**自社の経歴や、輸入するメーカーの背景など、ストーリーを伝えることです。**その商品特有の話題性とストーリーがあれば、マスコミがやってきてくれます。バイヤーだけでなくマスメディアに対しても、商品の機能性だけを売り込むのではなく、やはり物語性をアピールすることが肝心なのです。

テレビの制作会社は、一度起用して関係性のできた輸入業者を何回も使う傾向があります。ネタに困っているときなどは、先方から「何か、おもしろいものないですか」などと連絡してくることだってあります。だからこそ最初に積極的に働きかけて、パイプを作ることが大切なのです。

これだけはやってはいけないこと

高い確率で、高い利益率を確保できる仕組みであるBtoB輸入ビジネスですが、やはりここでも「これだけはNG」というポイントがありますので、ご紹介をしておきましょう。

まず一つ目が、**相手に会わずに取引を開始することです。**

商品を売る時も買う時も、担当者と直接会うことなく取引をするのはNGです。**その会社の担当責任者なり、トップの人間なりとちゃんと会って、顔を合わせて、それから取引を行うようにしましょう。**それをしない場合には、クレームやなんらかの問題が発生する確率が高くなりますし、万が一問題が発生した際に、問題解決が難しかったり、最悪の場合取引をなかったことにされる可能性もあります。

次に、**支払いを全額前金にすることです。**

商品が手元に届く前に、料金を全額支払うのはＮＧです。**注文時に半金、出荷時もしくは船積みされたら残金を支払うようにするなど、輸入の進捗状況に合わせて分割して支払いましょう。**万が一商品が送られてこない、という最悪の事態も考えられるからです。

そして最後が、**間接輸入をすることです。**

海外のメーカーとダイレクトにつながることなしに、誰かを介在した取引はＮＧです。あなたとメーカーが取引をする、その間に第三者が介入するということは、そこで**中間マージンを取られる可能性がありますし、なにより意思疎通が困難になります。間に人が入ることによって、自分たちの要望が正確に伝わらない可能性が高まります**ので、第三者を介在した取引はおすすめできません。

ただ、海外の展示会でメーカーと直接やり取りをスタートさせるのであれば、この問題はほぼ避けられると言えるでしょう。

輸入ビジネスを長く続けていくために

あなたが気に入って輸入した商品が日本で売れたとします。**しかし、延々と一つの商品がいつまでも売れ続けることはありえません。**商品には寿命があるのです。商品のジャンルにもよりますが、数カ月から数年ほどでブームは去り、落ち着いていきます。もちろん、ロングセラーもあるにはありますが、市場は常に新しいものを求めているのです。

当然、継続的に輸入ビジネスを展開するのであれば、あなたは新しい商品を仕入れる必要があります。

輸入ビジネスを始めたばかりなら、自分の得意分野に的を絞って、自分の感性で魅力的な商品を選ぶのが正解です。しかし2度目3度目に海外に足を運ぶ時は、もっと賢いやり方があります。

この頃になるとあなたにも、お得意様や顧客ができているかもしれません。いやきっとできていることでしょう。そこでどうするかというと、**今度は顧客のニーズを先に聞いてから海外の展示会に出かけるのです。**

私の場合は、海外の展示会に行く前に主要なお客様と会って、どういう商品が売れているのか、どういう方向性の商品が欲しいのか、ニーズを聞いた上で、海外に行っていました。

ある時などは、お得意様から手渡されたサンプルを手に、海外の展示会を見て回ったことがあります。「これに近くて、新しいバリエーションの商品はないか」と頼まれていたのです。これをカウンターサンプルといいます。

中国などのアジアの展示会では、カウンターサンプルを持った、ヨーロッパの輸入業者を大勢見かけます。自社の商品と同じタイプのものを、アジアのメーカーから安く仕入れたいと考えているのでしょう。すでにお伝えしたように、同じタイプで安価な商品を過去から探して持ってくる、あるいは海外のメーカーに作ってもらうことは、輸入ビジネスの王道の一つです。

あなたが今後も、輸入ビジネスを継続的に行っていくためには、お客さん（バイヤー）との間に太いパイプを作り、長く取引を続けることが大切です。そのためには売れそうな商品、新商品を、あなたが常に輸入できる態勢でいることはもちろん、お客様の求める商品を輸入する姿勢も大切になってくるのです。

《《《第5章●まとめ》》》

●輸入ビジネスほど簡単で、誰にでも構築できる〝仕組み〟は他にない！

おわりに

時の流れはまさに矢のごとし。輸入ビジネスに携わって、約37年の歳月が流れました。

今、振り返ると、私の原点は、少年時代に出会った一冊の本でした。

小さい時から人前に出ると顔が真っ赤になって、汗が吹き出し、どもってうまく話せない。いわゆる対人赤面症に悩むそんな少年の好きな事。それは本を読むことでした。本を読みながら、自分がその主人公になって本の中に入り込んでいくのです。その物語の中の私は、どんなことでもできる。何にでもなれる。少年は、そんな時間がとっても好きでした。その中でも、少年が最も好きな一冊があったのです。

その本が、『シンドバッドの冒険』でした。

主人公のシンドバッドは、アラブの商人で貿易商。ペルシア湾からインド洋を股にかけて7度にわたり、波瀾に富んだ大航海を行いました。

そのときの冒険譚が『シンドバッドの冒険』です。この物語の主人公になって自由に世界を旅する自分にワクワクしたものです。
読むたびに感じる、少年の日のときめきや空想が、私を輸入ビジネスの道に誘ったのでしょう。

思えば、輸入ビジネスに関わってきた私の半生も、波乱に満ちた航海の連続でした。ビジネスの世界では、怪物に襲われたシンドバッドのように、絶体絶命のピンチに見舞われたことも数え切れません。死んでお詫びするしかないなどと思ったことも一度や二度ではありませんでした。しかし、そのたびに這い上がれたことは、まさに奇跡としか言えない思いです。そして、それが今の自分の自信につながったのではないかと思うのです。

そんな冒険の日々を経て、確信したのが、「自ら仕組みを作る」ことの大切さです。仕組みを作って自分で価格を決めることは、他の人に、人生の航海の舵を任せない、つまり、自由を手にすることでもあります。
自分自身の自由裁量で、すべてを決定し、好きな事を仕事にする。なんとロマンチックな人生ではありませんか？

この本は、ビジネスにおいて価格を決めることの重要性と、価格を決められるビジネスの中でも最もシンプルで成功しやすい方法である輸入ビジネスの仕組みを、少しでも早く皆さんにお伝えしなければならない、という思いで一気に書き上げました。

私自身が、この世界で37年やってこられたのも、その最強の仕組みである輸入ビジネスに出会えたからでした。


人の運命というのは、わからないものです。

大学進学後、目的を失った私は、日々自堕落の淵にのめりこんでいました。結果、問答無用で留年を余儀なくされることになるのです。失意のうちにヨーロッパに旅立ちました。そして、スペインのアンダルシアにたどり着いた時、日本の定価制度の矛盾に気付くことになるのです。

そして、帰国後、5年の学生生活を終え、卒業式寸前の土壇場、2次募集枠でベッドメーカーにやっとの思いで入社したのです。しかし、ほどなくそのメーカーで働くことに絶望感を感じ、日本型ビジネスの限界を感じた私は、悶々と満たされない日々を送ることになります。

一度きりの人生、おまえは本当にこのままでいいのか？

自問自答を繰り返す日々が続きました。

そんな中、ある日一つの決断を下すこととなります。

それは、幼い日にあこがれたシンドバッドの世界に飛び込むことでした。幼き頃に描いた海外への夢が捨てきれなかったのです。

そして輸入ビジネスの世界に入りました。


実業としての輸入ビジネスに入ってからは、毎日が失敗の連続でした。

輸入できない植物を輸入しようとして全量検査になり、結果輸入差し止めになったこと、メーカーの不完全な梱包のため、コンテナの商品が全部壊れていたこと、代金を前払いしたにもかかわらず、商品を納品されずメーカーに逃げられてしまったことなどなど……今思い出しても、よくここまで来ることができたな、という気持ちでいっぱいです。


そんな苦難の連続の中でも、私は、そんな「自分で仕組みを作れるビジネス」を選べたことに喜びを感じていました。

しかし、時は流れ、２００９年1月に28年間続けてきた実業家としての輸入ビジネス人生に終止符を打ちました。

なぜか。

そのわけを話すには、13年前に私が初めて本を出版したときの話までさかのぼらなくてはなりません。

出版により、私の人生は激変しました。

公的機関をはじめ多くの企業に、輸入ビジネスのコンサルティングを依頼されるようになりました。人の役に立てること、そしてそんな自分に誇りを感じました。しかし、ある時を境に私の気持ちは、大きく揺れ動くことになるのです。

現役で業として輸入ビジネスをしながら、輸入ビジネスを志す人や企業に同じ輸入ビジネスの仕組みを教えることに矛盾を感じ始めたのです。

私のコンサルティングは、まさに実践そのものです。クライアントと一緒に海外の展示会に行き、クライアントの熱望する結果を聞いたうえで私が、リアルにその要望を叶えてみせるというものなのです。

ですから、クライアントが独占販売権を要望すれば、独占販売権の獲得交渉の手順を見せ、さらにそれを実際に獲得してしまうのです。

私自身も現役の輸入実業家で、同じ展示会で商品発掘をするわけですから、クライアントと私の会社との利害が真っ向からぶつかる時がありました。クライアントにコミットし、深く入っていけばいくほど、自社のビジネスとぶつかっていくことに気付いたのです。

これが、すべての苦悩の始まりでした。

言うまでもなく、アドバイザーとしては、クライアントの利益を優先させなければならない立場です。しかし心のどこかで真にクライアントの成功を祈っていない自分に気付いてしまったのです。

本当にクライアントに誠実か？

私は困惑し、恥じることになるのです。

自分では、輸入ビジネスのすべてを教えているつもりでも、もっとも重要なところだけは教えていないのではないのか？　と葛藤する自分の心に気付いてしまったのです。

なんて不謹慎な男なのだろう、と責める自分がいるのです。

どうすべきなのか？

アドバイザー業をやめて、貿易商に専念するのか？

もしくは、クライアントのために、輸入ビジネスのアドバイザーとして残りの人生を捧げていくのか？

大きな人生の岐路に立つことになったのです。

どちらかを選択しなければならない。心底思ったのです。

そして、決断しました。


私程度の輸入ビジネスの実業家は、この世にごまんといる。

だけど、イチから輸入ビジネスを志す人に、自分よりも懇切丁寧に教えられる人はいない。そう思えました。

なぜなら、私の輸入ビジネス人生は、失敗と挫折の連続でした。しかし、その中で、それを克服し一つの業を全うした経験は、必ずやお役に立てると確信したからです。

時は、２００９年1月16日。私にとっては、生涯忘れることのできないこの日。私は、輸入コンサルティングに特化した会社㈱インポートプレナーを立ち上げました。

これは、すなわち輸入実業家としての自分との決別でもありました。


これからの自分について、不安にさいなまれる日が続きました。幾多の眠れない日々を過ごしました。

そして、あれから10年が経ちました。

今の私は、日々充実感に満ちた毎日を送っています。輸入ビジネスの仕組みを使って、クライアントの圧倒的な差別的優位性を確立するお手伝いをしています。


私のミッションは、「日本人の国際競争力、国際的価値を世界ナンバーワンにする」ことです。

その夢の実現のために、三つに特化して日々活動をしています。


一つ目は、著述活動です。

現在まで、本書を含めずに9冊の書籍を世に問うてきました。

また輸入ビジネスの最新情報を包み隠さずお話ししている無料のメールマガジンは、

読者数2万5000部を誇る、「日本一の輸入ビジネス必読メルマガ」として高く評価されています。

　こちらからお役に立てますからぜひ手に入れてください。

　http://importpreneurs.com/dougamm/

　二つ目は、講演・セミナー活動です。

　現在までに、1万人を超える方に参加していただいています。本物の輸入ビジネスは、不滅であることの証明です。

（戦略的輸入ビジネス構築セミナー初級編 http://importpreneurs.com/seminar/kiso/）

　本書を読んで、挑戦したいと思ったあなたは、ぜひ会いに来てください。私は、あなたをとびっきりの笑顔で迎えます。なぜなら、その時点ですでに同志ですから。


　そして三つ目は、前述した海外でのコンサルティングです。

　あなたと海外の展示会にご一緒し、外国人との交渉の仕方、独占販売権の取得法を全部包み隠さずお見せします。

（海外実践講座プロジェクト〝レジェンド〟 http://importpreneurs.com/seminar/jissen-kaigai/）

もう、この冒険もフィナーレが近づいたようです。

最後になってしまいましたが、本書が世に出る機会をくださった方々に心からの御礼を述べさせてください。

私のセミナーに自ら何度も何度も足を運んでくださって、この本が世にでるのを強力に推し進めてくださった集英社学芸編集部部長の藤井真也様。自分が納得しないものは本にすることはないという編集者魂は、私にとって大きな学びになりました。そして常に現場を見るその真摯な姿勢に心を打たれました。ありがとうございます。

そして、いつも素敵な笑顔で、励ましてくださり、悩みに悩んだ編集のお手伝いをしてくださった重田玲様、石田章洋様。心からの感謝をこめて言わせてください。ありがとうございます。言葉では、言いつくせないほどの感謝をこめて……。

そして何物にも代えがたい仲間たちである、インポートプレナーズクラブ（http://importpreneurs.com/member/）の会員の皆様へ。

あなたがたの笑顔は私のかけがえのない宝物です。あなたがたの応援なくしては、今の私はありません。いつもどんなに勇気づけられていることか……。

これからも共に加速進化しましょう。星の数ほどの感謝をこめて……。ありがとう！

また、私のアドバイスを忠実に実行してくださった素晴らしきクライアントの皆様へ。本当にありがとうございます。皆様の成功は私に大きな自信と誇りを与えてくれました。ありったけの感謝をこめて……！

講演、セミナーを熱心に熱心にお聞きくださった皆様へ。皆様の熱心に聞いてくださる姿にどのくらい励まされたことか……その姿に勇気をもらいました。心からの感謝をこめて言わせてください。ありがとうございます！

そして、影でなにも言わずに支えてくれた、家族にはありったけの愛と感謝をこめてこう言わせてください。あなたたちは、私のなにものにも代えられない財産です。

これからも見守ってくださいね。

特に、年間に１００日を超える海外出張のために留守にする私に変わって家を守ってきてくれた妻には、もう感謝しかない……ありがとう！
君がいなければ、とっくに今の私はいないでしょう。どんな時でも笑顔でここまでついてきてくれて本当にありがとう。胸がいっぱいです！

そして、最後になってしまいましたが、ここまで一緒にたどり着いてくださったあなたへ。ありがとうございます。

もう一度、ありったけのありったけの愛と感謝をこめて言わせてくださいね。
ありがとう！

溢れる思いを胸にそっと筆をおきます。
まだ見ぬあなたの成功を心から祈りながら……。
ありったけの愛と感謝をこめて……！

冬のフレンチリビエラにて
大須賀　祐

[参考文献]

『儲かる仕組みは自由に作れる！社長のための輸入ビジネス』大須賀祐（みらいパブリッシング）
『これ1冊でぜんぶわかる輸入ビジネス　完全版』大須賀祐（あさ出版）
『個人ではじめる輸入ビジネス　改訂版』大須賀祐（KADOKAWA）
『これ1冊で全部わかる！貿易実務』大須賀祐（あさ出版）
『初めてでもよくわかる輸入ビジネスの始め方・儲け方』大須賀祐（日本実業出版社）
『おもしろいほどよくわかる貿易ビジネスの基本と常識』大須賀祐（PHP研究所）
『輸入ビジネス　儲けの法則』大須賀祐（現代書林）
『個人で始める輸入ビジネス』大須賀祐（KADOKAWA）
『初めてでもよくわかる輸出ビジネスの始め方・儲け方』大須賀祐（日本実業出版社）
『実践国際ビジネス教本』日本貿易振興機構（世界経済情報サービス〈ワイス〉）
『わかりやすい貿易実務』片山立志・寺田一雄（オーエス出版社）
『輸出入・シッピング実務事典』高内公満（日本実業出版社）
『出る順通関士』LEC東京リーガルマインド（東京リーガルマインド）
『洋上三万マイル浪漫大航海』大須賀英夫（歴史春秋出版社）
『貿易為替用語辞典』東京リサーチインターナショナル編（日本経済新聞社）
『最新貿易ビジネス』中野宏一（白桃書房）
『貿易マーケティング・チャネル論』中野宏一（白桃書房）
『貿易業務論第9版』中村弘・田中尚志（東洋経済新報社）
『図解　円安・円高のことが面白いほどわかる本』西野武彦（中経出版）
『関税六法』日本関税協会（日本関税協会）
『国際法務の常識』長谷川俊明（講談社）
『最新貿易実務（増補版）』浜谷源蔵（同文館）
『実践国際マーケティング』堀出一郎（中央経済社）
『貿易実務と外国為替がわかる事典』三宅輝幸（日本実業出版社）
『入門輸出入の実務手びき』宮下忠雄（日本実業出版社）
『やさしい貿易実務』森井清（日本実業出版社）
『図解実務入門よくわかる貿易書類入門（図解実務入門）』片山立志（日本能率協会マネジメントセンター）

『貿易・為替用語の意味がわかる事典』森井清（日本実業出版社）
『現代の貿易ビジネス』寺田一雄（中央書院）
『貿易物流実務マニュアル』石原伸志（成山堂書店）
『貿易と国際法』森井清（同文館）
『わかりやすい貿易取引の手引』山口敏治（中央経済社）
『貿易の知識（日経文庫）』小峰隆夫（日本経済新聞社）
『英文契約書の書き方』山本孝夫（日本経済新聞社）
『入門外国為替の実務事典』弓場勉（日本実業出版社）
『国際契約の手引』大須常利・淵本康方（日本経済新聞社）
『貿易実務がわかる本』吉野議高（日本能率協会マネジメントセンター）
『国際取引契約』浅田福一（東京布井出版）
『ベーシック貿易取引』小林晃・赤堀勝彦（経済法令研究会）
『最新英文ビジネス・ライティング』橋本光憲（中央経済社）
『英文ビジネスレター事典』橋本光憲監修（三省堂）
『外国為替用語小事典』山田晃久・三宅輝幸編（経済法令研究会）
『入門貿易英語』中村弘（東洋経済新報社）
『貿易業務論（改訂版）』中村弘（東洋経済新報社）
『貿易取引入門』新堀聰（日本経済新聞社）
『法律英語のカギ』長谷川俊明（東京布井出版）
『英文契約書作成のキーポイント』中村秀雄㈳商事法務研究会
『貿易・為替の基本』山田晃久（日本経済新聞社）
『マクロ・ミクロ貿易取引』山田晃久（学文社）
『輸出・輸入手続き実務事典』山田晃久（日本実業出版社）
『貿易の実務』石田貞夫（日本経済新聞社）
『新貿易取引』石田貞夫・中村那詮（有斐閣）
『「貿易実務」の基本が身につく本』井上洋（かんき出版）
『やさしくわかる貿易実務のしごと』井上洋（日本実業出版社）
『入門の入門　貿易のしくみ』梶原昭次（日本実業出版社）
『90分でわかる外国為替の仕組み』片山立志（かんき出版）
『実践貿易実務』神田善弘（ジェトロ）
『基本貿易実務（五訂版）』来住哲二（同文館）
『国際ビジネスを成功させるために』佐々木紘一（文芸社）
『やさしい商品輸入ビジネス入門』佐野光質（南雲堂フェニックス）
『マンガで入門貿易実務ができる本』高橋則雄・木村雅晴（こう書房）

Profile
ジェトロ認定貿易アドバイザー
（現：AIBA認定貿易アドバイザー）
著述家、講演家、日本貿易学会正会員

大須賀 祐 おおすか・ゆう

早稲田大学商学部卒。東証一部上場企業入社後、3年目で最優秀営業員賞受賞するも、国内ビジネスに失望し会社を退社。その後、輸入ビジネスの世界にその身を投じる。2004年2月、当時わずか合格率8.4％の狭き門「ジェトロ認定貿易アドバイザー」を取得。全国で486人目の貿易アドバイザーとして、日本貿易振興機構(JETRO)より認定を受ける。

現在は輸入ビジネスアドバイザーとして、コンサルティング業務に従事。クライアントとともに年間100日強を海外で過ごし、全世界的に活躍中。セミナー受講者は10,000人を超え、海外での実践講座のクライアント数は、2019年4月時点で899名を超え、今なお数多くの成功者を輩出。輸入ビジネス界に対する多大なる貢献により、歴史と伝統ある日本最大にして最高の権威を有する貿易の学術団体「日本貿易学会」の正会員に推挙され、貿易会の発展にも寄与している。

著書は『初めてでもよくわかる 輸入ビジネスの始め方・儲け方』（日本実業出版社）、『貿易ビジネスの基本と常識』（PHP研究所）、『ホントにカンタン！　誰でもできる！　個人ではじめる輸入ビジネス』（KADOKAWA）など多数。現在は、株式会社インポートプレナーの最高顧問を務める。

価格はアナタが決めなさい。 輸入ビジネスに学ぶ儲かる仕組み

読者無料プレゼント

1 動画 **輸入を始めるとなぜ御社の利益が11倍になるのか？**

「利は元にあり」、ビジネスにおける神髄をあなたのために本気で説明いたします。

---

2 動画 **海外展示会とは？ その見方とそれぞれの特徴、違い**

本の中でだけではなかなか展示会のイメージがつかないかもしれません。
主な展示会と特徴、違いを今回、初めて特典でお伝えします。

---

3 動画 **日本の商システムの問題点。**
なぜ価格は5倍、10倍を付けるべきなのか？

なぜ、日本型ビジネスは立ちゆかなくなったのか？　なぜ輸入ビジネスに取り組むべきなのか？
このあたりを価格設定に絡めてお話しします。

---

4 PDF **輸入ビジネスガイドEブック**

初心者必携「輸入ビジネスのガイドブック」

---

5 PDF **大須賀祐のオススメの展示会100選**

本で紹介できなかった、数ある世界の展示会を大須賀祐が厳選しました。
あなたの業種にあわせてお役立てください。

［お申込み方法］コチラへアクセスしてください

この無料プレゼントを入手するには以下のアドレスもしくはQRコードからアクセスしてください

http://importpreneurs.com/slp/bks10cam/

※特典は、WEB上で公開するものであり、冊子やDVDなどをお送りするものではありません
※上記無料プレゼントのご提供は予告なく終了となる場合がございます。あらかじめご了承ください

装　　幀　井上新八
D　T　P　上野秀司
構　　成　石田章洋
編　　集　重田 玲（株式会社スターダイバー）

価《か》格《かく》はアナタが決《き》めなさい。

輸《ゆ》入《にゅう》ビジネスに学《まな》ぶ儲《もう》かる仕《し》組《く》み

2019年4月24日　第1刷発行

著　者　大《おお》須《す》賀《か》 祐《ゆう》

発行者　茨木政彦

発行所　株式会社　集英社
〒101-8051　東京都千代田区一ツ橋2-5-10
編集部　☎03-3230-6068
読者係　☎03-3230-6080
販売部　☎03-3230-6393（書店専用）

印刷所　図書印刷株式会社

製本所　株式会社ブックアート

集英社ビジネス書公式ウェブサイト　http://business.shueisha.co.jp/
集英社ビジネス書公式 Twitter　https://twitter.com/s_bizbooks(@s_bizbooks)
集英社ビジネス書 Facebook ページ　https://www.facebook.com/s.bizbooks

　ISBN 978-4-08-786113-6　C0034